事务文书写作

李晓青◎编著

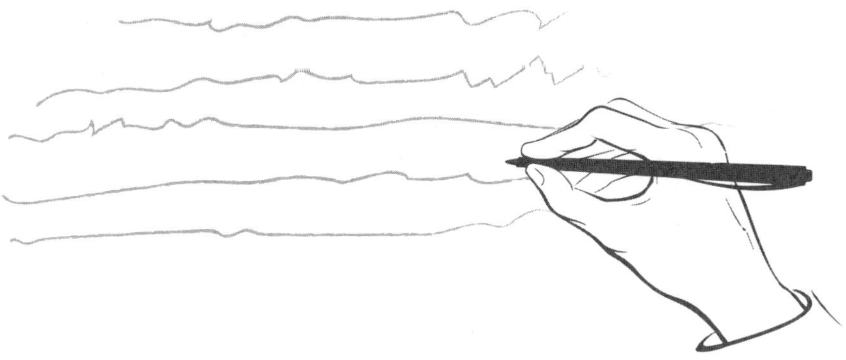

電子工業出版社
Publishing House of Electronics Industry
北京·BEIJING

内容简介

事务文书现已成为党政机关、人民团体、企事业单位或个人在处理公务或与公务有关的各种事务中不可或缺的一种应用文体。本书选取了12类常用的事务文书，对其各自的格式、写法及写作注意事项分别进行阐述，并辅以最新的范文模板进行展示。读者可以清晰地把握各种文书的写作技巧及规范化要求，从而有效地提高事务文书的写作水平。本书结构合理，内容具有较强的实用性和可操作性，可作为各级领导、公务员、文秘工作者、办公室工作人员常备的工具书。

图书在版编目（CIP）数据

事务文书写作 / 李晓青编著. —北京：电子工业出版社，2020.8
ISBN 978-7-121-39130-9

Ⅰ. ①事… Ⅱ. ①李… Ⅲ. ①公文－写作 Ⅳ. ①C931.46

中国版本图书馆CIP数据核字（2020）第103177号

责任编辑：王小聪
印　　刷：三河市鑫金马印装有限公司
装　　订：三河市鑫金马印装有限公司
出版发行：电子工业出版社
　　　　　北京市海淀区万寿路173信箱　邮编　100036
开　　本：720×1000　1/16　印张：15.75　字数：276千字
版　　次：2020 年 8 月第 1 版
印　　次：2023 年 1 月第 9 次印刷
定　　价：49.80元

凡所购买电子工业出版社图书有缺损问题，请向购买书店调换。若书店售缺，请与本社发行部联系，联系及邮购电话：（010）88254888，88258888。

质量投诉请发邮件至zlts@phei.com.cn，盗版侵权举报请发邮件至dbqq@phei.com.cn。

本书咨询联系方式：（010）57565890，meidipub@phei.com.cn。

前　言

党政机关、人民团体、企事业单位或个人在处理日常事务中，除《党政机关公文处理工作条例》中的15个法定公文种类外，还有一些用来处理公务或与公务有关的各种事务的应用文体，这类文体即为事务文书。

事务文书虽然不完全具备法定公文的效力，但其作用却是多方面的，比如，了解情况、部署工作、宣传政策、规范行为、总结经验、决策参考、交流信息、提供研究等。

事务文书的种类繁多，有简报、规划、章程、会议记录、开幕词、述职报告、欢迎词、邀请书、讣告、证明信等。按其应用范围的不同，可分为信息类、计划类、规约类、记录类、讲话类、总结报告类、祝贺致辞类、聘邀类、哀悼类、书信类、条据类、周知类等。

事务文书的写作格式虽然不像法定公文的写作格式那么规范，但在长期使用的过程中，各种文体的构成要素以及体式、样式，形成了比较固定的惯用格式；而且，这些格式具有相对的稳定性，不能随意更改。

本书的结构安排合理，内容具有较强的实用性和可操作性，对每一种文体，均从概念入手，详细阐述了其写作格式、范文与注意事项等方面的内容。一书在手，即学即用，真正做到了手把手教授。本书堪称广大文秘工作者的写作助手。

由于能力有限，本书疏漏之处在所难免，希望同行、专家及广大读者提出宝贵的意见和建议，使本书成为党政机关、人民团体、企事业单位等领域文书写作的实用宝典。

编者

目 录

第1章 事务文书的写作规范

第2章 信息类文书写作

第3章 计划类文书写作

第4章　规约类文书写作

第5章　记录类文书写作

第6章 讲话类文书写作

第7章 总结报告类文书写作

第8章 祝贺致辞类文书写作

第10章 哀悼类文书写作

第11章 书信类文书写作

第13章 周知类文书写作

第1章 事务文书的写作规范

事务文书是工作或活动情况的书面反映，也是工作或活动的有机组成部分，在党政机关、人民团体、企事业单位的事务活动中起着反映、总结、引导与信息储存的作用。随着社会的发展，事务文书的作用越来越大，其重要性也越来越突出。因此，事务文书的写作将会成为国家公务员和其他社会成员必须具备的一项基本功。

1.1 事务文书概述

事务文书，又称常规文书或业务文书，也称机关常用事务文书，是机关单位处理日常事务所使用的应用文体的总称。它是党政机关、人民团体、企事业单位或个人用来沟通信息、部署和指导工作、总结经验、规范行为、礼仪应酬等的重要工具。

1.1.1 事务文书的种类

按照事务文书应用范围的不同，可以分为以下几类：

信息类，如简报、公文摘要等；

计划类，如规划、要点、计划、安排、提纲、方案等；

规约类，如章程、条例、办法、细则、规定、规则、规程、制度、守则、公约等；

记录类，如大事记、会议记录、会议纪要、会议预备通知等；

讲话类，如开幕词、闭幕词、发言稿、讲话稿、主持词、就职演讲稿、竞聘演讲稿等；

总结报告类，如总结、述职报告、调查报告、工作汇报、会议工作报告、检讨报告、组织鉴定、情况、学习收获等；

祝贺致辞类，如祝词、贺词、喜报、欢迎词、欢送词、答谢词等；

聘邀类，如请柬、邀请书、聘请书等；

哀悼类，如讣告、悼词、唁电、逝者生平等；

书信类，如证明信、公开信、介绍信、表扬信、批评信、慰问信、感谢信、申请书、建议书、倡议书、保证书、志愿书、决心书、号召书等；

条据类，如说明性条据、凭证性条据等。

周知类，如启事、声明等。

1.1.2 事务文书的特点

事务文书具有以下几个突出的特点：

一是作者的广泛性。与党政机关公文相比，事务文书的作者是相当广泛的。事务文书是任何机关、团体、企事业单位或个人都可以使用的，它的作者可以是各行各业中的群体或个人。

二是行文格式与制发程序的简便性。相较于党政机关公文的行文格式与制发程序来说，事务文书的行文格式与制发程序没有那么严格，具有较大的灵活性，呈现出风格的多样化。但是，在长期的应用中，事务文书的实用性和真实性决定了它通常也有一定之规，并且大多有比较固定的惯用格式。

三是写作的实效性。事务文书是直接用来处理工作事务的，因此特别注重实用性，讲求效率。因此，在撰写此类文书时要以能满足实际需要为原则，即从主旨的确立到材料的使用都必须符合实际、讲求效率；同时，写作形式的运用也要讲求实用性和效率，便于文书内容的落实和处理。

四是较强的时效性。事务文书一般是针对工作中的具体事务而撰写的。而一项工作的完成或一个问题的解决，大都有一定的时间要求。因此，撰写事务文书只有在限定的时间内及时完成才能发挥应有的作用。

五是语言的灵活性。与党政机关公文相比，事务文书的语言更为通俗、灵活。事务文书对语言的要求相对宽松，可以使用通俗易懂的口语，也可以使用多种修辞手法。

1.1.3　事务文书的作用

事务文书的主要任务是沟通信息、部署和指导工作、总结经验、规范行为、礼仪应酬等，应用范围广泛，使用频率高。具体来说，事务文书有以下几方面的作用：

一是具有宣传教育和检查督促的作用。事务文书通过分析形势、申明政策，或者交流经验、表彰先进，或者揭露时弊、抨击丑恶，可以起到宣传教育群众、检查督促工作、使人们统一认识并提高工作水平和工作热情的作用。

二是具有积累和提供资料的作用。事务文书，特别是具有留存价值的事务文书，其中一部分可以成为机关活动的原始记录，这些文字材料都是珍贵的历史资料，具有极其重要的保存价值；同时，它们又是留存备查的依据和凭证，如会议记录、大事记等。有的事务文书在机关或行业活动中，可以起到沟通交流的作用，如简报、调查报告等。有的事务文书可以起到反映情况、说明问题，从而为人们提供所需资料的作用，如计划、总结等。

三是具有咨询和建议的作用。事务文书对决策者和上级有关部门具有咨询和建议的作用。通过总结经验和教训，掌握所需的信息，对工作中的重点、难点问题进行调查研究，调整工作思路，改进工作方法，及时地修改工作计划，以便提高工作效率。

四是具有沟通交流和指导工作的作用。事务文书是机关、企事业单位沟通的桥梁和纽带。机关、企事业单位各部门之间既有横向联系，又有纵向联系。从纵向联系来讲，管理者与被管理者之间、上级与下级之间，存在着指导与被指导的关系。从横向联系来讲，各部门沟通情况、交流工作，要有一定的手段和凭借，有些事务文书能起到这种作用。有些事务文书还是体现党和国家的方针、政策，指导人们做好工作的主要工具。因此，事务公文具有沟通交流和指导工作的作用。

1.2 事务文书的写作要求

1.2.1 要有依据

作为党政机关、人民团体、企事业单位或个人在处理事务、解决问题时经常使用的应用文体，事务文书应以方针政策为指导，以法律规定为依据。这是事务文书写作的前提。

与党政机关公文相比，事务文书同样肩负着传达贯彻党和政府的方针、政策和处理日常机关公务的使命，必须具有极强的原则性和政治性，要严肃、认真地对待各项方针、政策，否则就偏离了事务文书的正确方向。

1.2.2 要有前瞻意识

写作事务文书，要有前瞻意识，要在科学把握现实国情、社情和本地本部门工作实际的基础上，面向未来、着眼长远，形成对当前及今后一个时期事物发展走向的清晰判断和科学预见。

当今时代，世界格局不断变化，科技进步日新月异，全球思想文化交流呈现新特点。这一方面使人们的工作和生活更加丰富多彩，另一方面也必然带来许多新情况、新问题，使社会矛盾越来越具有多样性、复杂性、突发性和不确定性，处理起来也更加棘手、艰巨。即使对于同一件事情，处理的时机不同，也会出现不同的结局、造成不同的影响和后果。因此，在写作事务文书时，只有具备前瞻意识，才能拥有长远的目光，才会对客观实际的不断发展变化有预见性。

1.2.3 要实事求是

事务文书在鲜明的政治性和较强的政策性上与党政机关公文是基本一致的。因而，写作事务文书，从收集材料、分析材料到撰写成文，都要有实事求是的写作态度，不能有半点虚假。不仅所用的材料要绝对真实、准确，而且对事实的评价也要客观、公正，既不能夸大，也不能缩小。

1.2.4　写作要准确

一是明确文种。写作者要根据具体事项选择相应的文种，因为事务文书具有很强的针对性，如果文种选用错误，就会差之毫厘，谬以千里。

二是明确主题。事务文书的主题，在撰写前就已确定，而且，不能像文学创作那样，在写作过程中变更主题，甚至背离作者的创作意图，而是要坚定不移地按照主题去准备材料，只能深化主题，不能背离主题。

1.2.5　材料要真实

无论写作任何一种事务文书，都要有充分的、详细的材料。若没有充分的、详细的材料，就找不出规律，得不出正确的结论，也就达不到指导工作的目的。

写作事务文书时须使用以下几种材料：一是背景材料。它主要是指用于揭示、说明社会环境和自然环境的材料。二是现实材料。事务文书都是用事实说话、寓理于事的，写作者只有提供了揭示客观规律的、有代表性的典型材料，才能有效地说明问题。三是过程性材料。无论是调查报告还是述职报告等，都要反映客观事实发生的完整过程。因而，写作者必须掌握生活中的过程性材料，即包含时间、地点、人物、事件、原因、结果等要素的材料。四是评价性材料。写作事务文书时，不仅要使用当事人的材料，还要听取专家、群众对某人、某事、某项工作的评议。

事务文书写作中所使用的材料必须是具体、充分、翔实的材料，其获取途径就是调查研究，从实际工作中了解真实情况。如果对工作、问题缺乏深入的研究，写出的事务文书就会比较肤浅。所以，要经过深入的调查研究，获取第一手材料，并且尽可能地选择具有代表性和典型性的材料，这样才能揭示事物的本质。

1.2.6　行文要规范

事务文书在整个公文体系中处于次要的从属地位，既没有法定的格式，也不具备独立的行文资格。但是，作为辅助性公文，事务文书在党政机关、人民团体、企事业单位等机构、组织中使用范围广泛，使用频率高，起着不可替代的作用。

一般情况下，事务文书采用简便的公文格式。虽然其格式相对于党政机关公文而言比较灵活，但总的来说也有自己约定俗成的格式。因此，写作时要遵守行文规范，不能随意发挥。

1.2.7 表述要简练

事务文书应以叙事和说理为主要特征，以实用为目的。这就要求其语言必须言简意赅，追求平实、朴素。

语言以简练为准绳。在事务文书写作中，要求一个词有一个词的作用，一个词有一个词的分量，力求言简意赅，切忌重复和啰嗦；将可有可无的字、词、句去掉，力求做到词无可删、句无可减的程度。

第2章 信息类文书写作

信息类文书，是党政机关、人民团体、企事业单位等机构、组织用来收集、汇报、传达信息的一种简短的、摘要性的信息载体。它是上级与下级、单位内外交流信息和保证信息畅通的重要工具。信息类文书虽不能代替正式的公文，却是最普遍、最广泛、最常见的应用文书之一。

信息类文书具有宣传教育的功能，主要体现在两个方面：一是无意识的宣传教育。在有些信息的传播过程中，发文者并没有明确表达教育的意愿，但受文者在阅读过程中，主动地学习、接受文书中的知识、经验、精神等，达到了客观的教育效果。二是有意识的宣传教育。也就是说，发文者主动发布先进事迹、好人好事等具有教育意义的信息，号召受文者向先进者学习，追求进步。

信息类文书中的问题、情况、数据等必须真实客观地反映事物的本来面目，必须经过实际的调查取证，不能主观臆断、无中生有，要反映客观事物的真实情况。此外，信息类文书往往还须分析、研究材料，揭示事物的本质，发现隐藏于表象背后的规律，把感性认识上升为理性认识。

2.1 简 报

简报又称简讯、快讯、快报、情况通报、内部参考、摘报等，是党政机关、人民团体、企事业单位等内部为及时反映情况、汇报工作、交流经验、沟通信息而编发的具有一定新闻性质的事务文书。

作为一种传递某方面信息的、简短了解情况的有效手段，简报具有以下作用：

一是具有下情上达的作用。简报可以把单位各部门的实际工作情况、经验和教训、成绩和失误，以及工作中的困难和需要上级帮助解决的问题及时向领导和上级反映，为单位领导和上级主管部门制定各项工作决策、推广典型经验、指导工作提供可靠的依据。简报可以把群众的思想情绪、愿望和要求向领导反映，使领导准确地掌握群众思想的脉搏，有的放矢地做好群众的思想政治工作。简报可以为做好某项工作汇总各方面的意见，分析利弊得失，提出几种可行性的工作方案，为决策机关制定政策、指导工作提供参考意见。

二是具有上情下达的作用。简报不仅可以直接刊载本单位领导的工作意见，还可以通过“按语”的形式传达领导的意图，指导单位各部门的工作。简报可以转发本单位某个部门比较成熟的、对工作有指导意义的经验，供本单位其他部门参考、借鉴，这样对工作有指导和推动作用。

简报作为反映情况、汇报工作、交流经验、沟通信息的一种形式，它既具有报纸的某些特点，又有其自身的特点：

一是内容广泛。简报的内容范围很广，有反映工作部署和进展情况的，有交流工作方法和经验的，有报告工作中新情况、新问题的，有介绍典型事例的，也有传达上级机关意见的。

二是形式特殊。简报有固定的报头，有期号，但一般不定期。这一点与公文写作相似，但它又与公文写作不同：没有发文机关，没有文件名称。可以说，简报发布的是内部消息。

三是行文灵活。简报的主送单位没有上行、下行、平行的严格限制，可根据工作需要自行酌定。因此，行文比较自由灵活，不受限制。

四是制发自由。报头上标明的制发者，一般是领导机关的办事机构，由它对简报负政治和技术责任。简报不用盖章，不算正式公文，不具有法律效力。

五是专业性强。简报一般由有关单位、部门主办，专业性十分明显，如《人口普查简报》《计划生育简报》《水利工程简报》《招生简报》等，分别由主办单位组织专人撰写，传递该项工作的各种信息，包括情况、经验、问题和对策等。这样，对一般阅文者来说，能使他们了解工作的进展情况，增强责任感；对领导机关来说，各级领导收到这样的简报后，能够及时掌握情况，一旦有问题，就有办法解决了。

可见，简报不是单纯的下级向上级汇报工作的简要书面报告，它既不是一种独立的文体，也不是一种刊物，而是一种专业性强、新颖、简短的内部小报。

2.1.1　简报的格式、写法

简报的种类尽管很多，但其结构均大同小异，一般由报头、报核和报尾三部分组成。

1. 报头

简报的报头位于简报首页，即首页上端1/3处由红色粗实线分割，分割线以上的部分。报头一般都有固定的格式，包括简报名称、期号、发文单位、发布日期、保密等级和编号。

（1）简报名称位于简报首页上方的正中间，为了醒目起见，字号宜大，尽可能用套红印刷。

（2）期号，位于简报名称的正下方，一般按年度依次排列期号，有的还可以标出累计的总期号。属于“增刊”的期号，要单独编排，不能与“正刊”期号混编。

（3）发文单位，一般为简报发文单位的办公部门或中心工作领导小组及会议的秘书处，要求用全称或规范化简称印于分割线左上方。

（4）发布日期，以领导的签发日期为准，应标明具体的年、月、日，位置在分割线的右上方。

（5）有的简报根据需要还应标明保密等级，如“内部参阅”“秘密”“机密”“绝密”等。保密等级要求印在报头的左上角顶格。

（6）编号，位于报头的右上方，只有保密性简报才用编号，一般简报不用编号。

2. 报核

报核，是简报的主体部分，也就是选刊的文章部分。在报核部分，首先需要注意简报的体式。

根据文体性质和文章来源，简报文体有四种形式：一是报道体，即及时、简明、准确地叙述、报告部门、行业、系统、领域内最近发生的新情况、新动态，其文体类似于动态消息。二是汇编体，即在众多稿源基础上剪辑而成的类似于综合消息的简报文体，其信息量大、范围广，能做到点面结合全面反映情况。三是总结体，即该文章虽是一般意义上的总结，但内容具有典型性，有推广价值，编入简报能发挥其指导作用。四是转引体，即将其他单位有参考价值或借鉴意义的材料完整或部分地摘编转引。

简报的报核由按语、目录、本体三部分组成。

（1）按语。按语是代简报发文单位立言的，对文章及使用做出说明、评价，如说明材料来源、转引目的、转发范围，表明对简报内容的倾向性意见及表示对所提问题引起讨论研究的希望等，是为了引导阅文者理解所编发的文章、了解编者意图而写的。

按语位于报头下、文章标题前。它视需要而使用，并非每篇必有。一般来说，在转引体、总结体及重要的报道体、汇编体简报的文章前才配按语。

简报的按语一般有三种形式：一是说明性按语，即对发布简报的原因、依据、目的、反映情况等做简要说明，明确行文的合法性、必要性、方向性等，帮助读者加深对简报内容的理解和印象。二是提示性按语，即对一些篇幅略长的简报，特别是一些介绍经验的简报，扼要介绍要点。三是批示性按语，即对简报的内容做出评价，或指出不足，或提出要求。它往往援引领导人的原话或上级机关结合简报内容对实际工作提出批示性意见。当然，按语不是指示，一般多用探讨、期望的和缓语气。

（2）目录。简报通常是一期一篇，根据需要也可以是一期多篇，即一期为一组性质接近的文章。如是一组文章，则须在按语下设置目录，将各篇文章标题依次编排，然后依次刊出每篇文章。目录位于按语的下方。若简报只有一篇文章，则不必设置目录。

（3）本体。这一部分是简报的重头戏，由标题和正文组成。正文又包括导语、主体、结语三部分。

简报的标题与新闻的标题有些类似。根据简报的体式，标题也有不同的写法，主要分为两种：

第一种为单行式新闻标题，即用一句话做标题，这句话既可高度概括文章的内容，也可直接揭示文章的主题。动态性较强的内容多采用单行式新闻标题，简洁明了地交代事实、揭示中心思想。

第二种为双标题。这种写法又分为两种形式：第一种由主标题与副标题构成。主标题概括事实的性质，即突出简报的内容与意义；副标题则补充说明，起到强化的作用。第二种由引题与正题构成。在这种标题形式中，引题突出简报的作用和意义，正题则概括主要内容。

因体式各异，简报正文的格式也相去甚远。报道体、汇编体简报的正文结构往往前有导语，后有主体和结语等；总结体可完整地将总结刊于简报；转引体则因所引文章不同，正文有可能是部分章节，也有可能是整篇文章。

下面主要介绍一下报道体、汇编体简报正文的写法。

首先是导语。导语可分为叙述式、描写式、提问式、结论式四种形式。叙述式，即用概括的语言介绍简报的主要内容；描写式，即将简报中的主要事实或某个有意义的侧面进行形象的描写，以引起读者的阅读兴趣；提问式，即把简报反映的主要问题以设问句的形式提出来，以引起读者的思考；结论式，即先将结论用一两句话在开头写出来，然后在主体部分再做必要的解释和说明。

这四种导语形式，各有所长，写作时可根据文章的特点、主题需要选择运用。但无论采用何种形式，都要尽可能使用简洁的语言。

其次是主体。主体紧跟着导语，用典型而有说服力的材料把导语的内容加以具体化，用材料来论证或说服观点。正文的主体是简报的主要部分，它的任务是用足够的、典型的、富有说服力的材料把导语的内容加以具体化，用材料来论证或说明观点。写好正文的主体是写好简报的关键。主体的内容，或是反映具体的情况，或是介绍具体的做法，或是叙述已取得的成绩和经验，或是指出存在的问题，或是几项兼而有之，视具体情况而定，没有固定的框架。

主体的结构可分为纵式和横式两种。纵式结构按事件发生、发展的时间顺序来安排内容；横式结构按事理分类的顺序安排内容，如果内容比较丰富，还可添加小标题，以便内容更加有条理。

最后是结语。结语是正文的结尾部分，在一般情况下，正文可自然结束；也有一些正文会在结尾部分概括主题，对正文主体的内容做一个小结。

简报正文的署名可以是发文单位的名称，也可以是发文者的姓名。标注在正文的右下方，加上圆括号。

3. 报尾

在简报末页下方1/3处用红色分割线与文章主体部分分开，在分割线下与之平行的另一横线内标注本期简报的“报、送、发”单位名称。报，即简报呈报的上级单位；送，即简报送往的同级单位或不相隶属的单位；发，即简报发放的下级单位。若简报的“报、送、发”单位的位置是固定的，而此时又要临时增加发文单位，一般还应注明“本期增发×××（单位）”。

报尾还应标注本期简报的印刷份数，以便管理、查对。

2.1.2 简报范文模板

简报的种类，按时间可划分为定期简报和不定期简报；按性质可划分为工作简报、会议简报、科技简报、动态简报等；按内容可划分为反映综合情况的综合性简报和反映特定情况的专题简报。下面，推荐一些机关单位常用的简报范文。

1. 会议简报

会议简报是会议期间反映会议情况的简报，它是一种临时性的简报，内容包括会议中的情况、发言及会议决定等。规模较大、时间较长的会议通常要编发多期简报，以起到及时交流情况、推动会议的作用。小型会议一般是一会一期简报，常常是在会议结束后，写一期较为全面的总结性的情况反映。

范文模板一：

深入学习实践××××会议简报

（第××期）

××××实践活动领导小组办公室　　　　××××年××月××日

××××实践活动领导小组召开第××次会议

××××年××月××日，××××实践活动领导小组召开第××次会议，认真听取××××情况汇报，分析研究××××实践活动开展情况。会议由×××主持，×××做了讲话。

会议认为××××对整改落实工作高度重视，科学统筹，明确分工，细化目标要求，扎实抓好整改落实，做了大量富有成效的工作。特别是在××××等方面，态度坚决，行动迅速，措施有力，取得了实质性的进展……

会议指出××××实践活动自开展以来……主要有以下四个特点：

一是组织领导坚强有力。……

二是思想发动深入扎实。……

三是……

四是……

会议要求，当前××××实践活动即将进入调查研究和解放思想大讨论环节，须进一步加强工作指导，主要体现在以下四个方面：

一是指导各级做好调研成果的汇报、交流……

二是指导各级深入开展解放思想大讨论……

三是指导各级正确处理……

四是……

（××××供稿）

报：××××　××××　××××

送：××××　××××　××××

发：××××　××××　××××

共印××份

本期责任编辑：×××　　　　　电话：××××

范文模板二：

会议简报

（第××期）

××××办公室　　　　　　　　　　××××年××月××日

【××××】

××××年××月××日××时，××××会在党委会议室召开，学习教育指导办公室相关人员参加了会议，×××主任对学习教育开展情况进行了讲评，×××对进一步开展教育做出了重要指示。会上，各单位汇报了近两天的学习教育情况。×××主任在讲评时指出……希望各单位下一步针对存在的问题进行整改，确保学习教育落到实处。会议决定，在下一步的学习教育中，各单位要做到……会议最后，×××就学习教育提出了三点意见：

1. ××××与××××相结合。……
2. ××××与××××相结合。……
3. ××××教育形式灵活多样。……

自学习教育开展以来，学习教育指导办公室引导全体人员采取了××××的教育形式，使教育切实落到了实处。×××在开展教育中，及时召开了动员会，进一步……

【××××】

在两天的学习教育中，大家谈论最多的话题就是强素质。大家一致感到，就目前自身的素质来讲，与××××的矛盾还很突出……

通过×××对即将面临的一系列问题的分析，大家都感到了压力。×××在学习讨论中指出……

…………

报：××××　××××

送：××××　××××

（共印××份）

2. 工作简报

工作简报是一种反映本地区、本系统、本部门日常工作或问题的经常性简报。它包含的内容较多，比如，工作情况、经验教训、表扬批评，以及对上级某些政策或指示执行的步骤、措施等。它常常以定期或不定期的形式出现，在一定范围内发行。

范文模板：

××省环境保护督察

工作简报

××××年第××期　总第××期

××省环境保护督察工作领导小组办公室　　　××××年××月××日

×××省长就环保督察边督边改工作做出重要批示

××月××日，×××省长就国家环境保护督察办公室××月××日编印的《××××》第××期“××××”做出批示：……

×××副省长调度部署配合中央环保督察协调联络工作

××月××日上午，副省长×××主持召开××××会议，总结上一阶段的工作情况，安排部署下一阶段的重点工作。省配合中央环保督察工作协调联络组（以下简称省协调联络组）副组长×××、×××、×××，省纪委常委、省监察厅副厅长×××以及省协调联络组各专项工作组组长、联络员，省环保厅班子成员，整改督办专项工作组相关人员参加会议。

…………

×××副省长还要求办好相关简报，即继续办好“督察工作简报”和“办理情况专报”。综合协调组要加强对边督边改情况的调度，及时收集汇总情况，每三天报告一次进展情况；同时要办好“督察督办情况简报”，整改督办专项工作组要及时汇总、分析××××情况，每三天报告一次进展情况。

报：××××

送：××××

（共印××份）

3. 专题简报

专题简报是一种阶段性的简报。它一般是针对机关工作中某一时期的中心工作所办的简报，中心工作完成了，简报也就停办了。

范文模板：

××××申报世界自然遗产

简　　报

第××期

××××申遗工作领导小组办公室编　　　　××××年××月××日

目　录

1. ××××申报世界自然遗产项目正式走出国门
2. ××省副省长×××视察申遗工作
3. 世界遗产中心专家高度赞扬××××申遗工作
4. ××××申遗景区环境整治迈进一大步
5. “××××是独一无二的××××”
6. 简讯

××××申报世界自然遗产项目正式走出国门

××××年××月××日至××日，由××××、××××、××××、××××、××××协办的“××××遗产预备名单研讨会”在××××召开。世界遗产中心（WHC）主管官员×××先生、世界自然保护联盟（IUCN）资深专家×××、×××应邀到会指导。

研讨会对“××××”“××××”“××××”“××××”进行了认真分析，认为这四个提名地具备世界遗产的潜在价值，可以分期申报。特别是××××系列申遗项目，它以扎实的准备工作和过硬的成果，得到了世界遗产委员会和世界自然保护联盟（IUCN）专家的一致好评，同意……

根据国际国内专家的意见，最终上报提名地分别为××××、××××、××××、××××、××××、××××等中国南方6个著名的丹霞地貌景区。××月××日，×××代表中国政府在申报文件签字，××××申报世界自然遗产总文本正式提交联合国世界遗产中心，并由×××于××月××日送达联合国教科文组织世界遗产中心巴黎总部。至此，标志着“国产”的地球科学品牌××××申报世界自然遗产项目正式走出国门。

××省副省长×××视察申遗工作

略

世界遗产中心专家高度赞扬××××申遗工作

略

××××申遗景区环境整治迈进一大步

略

“××××是独一无二的××××”

略

简　　讯

略

报：××××　××××　××××

送：××××　××××　××××

（共印××份）

4．动态简报

动态简报的内容一般包括情况动态和思想动态。这类简报的时效性、机密性较强，要求迅速编发，而且发送范围也有一定的限制，在某个时期、某一阶段要保密。

范文模板：

学习宣传贯彻××××精神

工作简报

第××期

××××学院宣传部编　　　　××××年××月××日

××××学院、××××学院

依托专业优势学习宣传贯彻××××精神

××××学院、××××学院在学习宣传贯彻××××精神教育活动中，充分发挥专业优势，把学习教育活动融入课堂教学和主题教育活动中，坚持学用结合、知行合一。

××××学院理论联系实际，深入学习贯彻××××精神。学院党委要求××××学习活动要注重理论联系实际，把××××精神学习融入教学工作中，切实为学院的“××××规划”贡献力量。教师党支部将××××精神学习融入课堂教学和共建服务中。

…………

2.1.3 简报写作的注意事项

在写作简报时，要注意以下五个方面：

一是报道要及时。简报就是对工作或会议中出现的新情况、新问题，以最快的速度上传下达，使领导机关能及时掌握新情况，解决新问题，制定新措施。如果报道不及时，简报不仅会失去其应有的作用，还会影响工作。

二是内容要新颖。简报就是通过对工作或会议中出现的新情况、新问题的反映，让人们面对新情况和新问题，探索新的路子，总结新的经验。

三是遵循一定的编排原则。对于一组性质相近的文章，简报编辑应遵循下面的编排原则：各篇文章要围绕一个中心，从不同角度反映某一个问题；最突出中心的文章排在前面；每篇文章疏密间隔要恰当，标题的字号要一致。

四是仅限于内部交流。简报一般是在发文单位管辖范围内传播的，不宜甚至不能公开传播，涉外机关和专政机关主办的简报更是如此。有些简报，是专门给某一级领导看的，有一定的保密要求，不能任意扩大阅读范围。

五是篇幅不宜过长。这是简报区别于其他报纸刊物的最显著的特点。一期简报只刊登一篇或几篇文章，总共一两千字，长的也不过三四千字。因此，简报的内容必须简洁明了，在充分归纳和提炼的基础上，以短小精悍的形式出现，以叙述清楚、说明道理为目的。

2.2　公文摘要

公文摘要是一种资料性的公文形式，是党政机关、人民团体、企事业单位在一定时期和范围内对某些带有倾向性的问题或有参考价值的材料加以适当整理，然后提供给上级机关或本单位领导参阅的书面文字。

公文摘要具有文摘的及时性，在摘编时会显示出编者的倾向性。

2.2.1　公文摘要的格式、写法

公文摘要主要由报头和正文两部分组成。

1. 报头

公文摘要的报头上方正中间是“公文摘要”字样的标题。题下有编号、编发机关名称、编发日期。

2. 正文

公文摘要的正文，一般由小标题与摘编组成。具体情况也各有不同，可以有按语，也可以无按语；可以是集中反映某个问题的不同公文摘编，也可以是反映几个问题的不同公文摘编。

2.2.2　公文摘要范文模板

公文摘要

第××期

中共××市委政策研究室　　　　××××年××月××日

××省确定“××××”的新路子

一、调整国内建设项目，腾出资金和缩小规模……

二、调整企业、产业和产品结构，腾出力量……

三、充分利用现有的生产能力，生产国际市场需要的商品……

四、利用老企业的土地、厂房、设备……

五、在国内资金紧缺的情况下，鼓励外商……

六、组织内地资金、技术在沿海地区与外商举办合资企业……

七、缺乏资金、技术设备不能及时更新的企业通过……

（据××市委办公厅《××××》××××年第××期）

2.2.3 公文摘要写作的注意事项

公文摘要要准确传达原公文的意图，语言应简洁明了、有针对性。

2.3 典型材料

典型材料是介绍先进人物或先进单位的典型事迹，总结成功经验，树立榜样，引导大家学习先进、追求进步的应用文体，具有真实性、典型性、叙事性和生动性等特点。

典型材料可分为典型事迹材料和典型经验材料。典型经验材料是一种介绍先进典型的工作经验或成功的做法的文字材料；典型事迹材料是一种通过对先进典型的优秀事迹的介绍，表现其思想、品德和情操，给人们树立行为榜样的文字材料。

2.3.1 典型材料的格式、写法

典型材料一般由标题、开头、主体、结尾四部分组成。

1. 标题

典型材料的标题分为单标题和双标题两种形式。单标题通常反映典型的精神风貌和道德情操，如“把青春和智慧奉献给××××事业，在××××展示巾帼建功的风采”。一般而言，用第一人称来介绍事迹的典型材料，多采用单标题形式。双标题一般由主标题和副标题构成。主标题反映先进典型的精神品质，副标题由单位、职务、姓名及某方面的事迹构成，如“撑起一片蓝天——记××××公司职工家属×××”。通常用第三人称叙述的典型材料，多采用双标题形式。

典型经验材料的单标题通常要揭示文章所介绍的先进典型的工作经验，如“从知兵入手，扎实做好战士的思想工作”。对于双标题而言，主标题揭示文章的核心经验，副标题由单位和某方面的经验构成，如“用先进文化服务基层——××××按照‘××××’要求开展为兵服务活动的经验”。

2. 开头

典型事迹材料的开头主要写典型在什么情况（背景）下，经过怎样的努力，完成了什么任务，做出了什么贡献，表现出了怎样的精神境界，受到了怎样的评价。而典型经验材料的开头一般概述在什么情况（背景）下，从事了什么工作，得到了什么经验，做出了什么成绩。

3. 主体

这是典型材料的核心部分，写作者要在这一部分对材料中的经验或事迹做进一步陈述。

主体部分通常有两种结构：

一是横式结构，即紧紧围绕中心思想，不受时间限制，采取大跨度、多侧面的结构层次，从几个角度把典型事迹按类别集中归纳在一定的观点之下，使之为典型的主要特点服务。

横式结构的关键是提炼层次标题。层次标题要对典型的主要经验或事迹进行高度概括，围绕主题对不同性质的经验或事迹分别进行归纳。层次标题应思想突出，语言精练，而且对仗比较工整，能给人比较深刻的印象。

二是纵式结构，即以时间脉络为主要线索，其特点是按照一定的时间顺序来记叙典型的成长过程和事件的前因后果，它的优点在于脉络清晰，层次分明，能使典型材料步步深入。

4. 结尾

撰写典型材料时有的写结尾，有的不写结尾。在会议上发言的典型材料应当有个结尾，不能结束得太快；以书面文章发表的典型材料，结尾可写可不写。写结尾时，如果是第三人称，可对典型做出概括性结论；如果是第一人称，则主要表明自己对今后工作的打算，或者说一些谦虚的话。

2.3.2 典型材料范文模板

撑起一片蓝天

——记××××公司职工家属×××

××××公司因公高位截瘫职工×××存活36年，被医学界称为世界奇迹，而大夫们却说，这主要归功于他的妻子×××几十年如一日的真情守护。××××年××月，×××用爱心撑起一片蓝天的感人事迹，深深震撼了很多市民的心，高票当选为××市十大“××××”。××月，×××一家又被评为××省“文明家庭”。然而，荣誉的光环里不仅仅有……

××××年××月××日，位于××××的隧道里灯火通明，夜班的几排炮响之后……

那一刻，×××只感觉一股凉气从腰部移向脚尖，不知道就此高位截瘫，只能在轮椅和病床上从青春碾入鬓霜。那一刻，他只知道自己不能和工友们一起成为战胜“水帘洞”的勇士，不晓得竟会给妻子和孩子带来无尽的苦难。

闯过大出血、昏迷、钢板植入手术的三大“鬼门关”，××××年的春节过去了。考虑到×××的妻子生完孩子不久，单位一直没有把消息告诉他的家人。然而，几个月没有得到丈夫消息的×××，终于通过不断追问回家探亲的老乡，知道丈夫受公伤，匆忙赶到了工地医院。见到×××的一刹那，她的整个天都塌了下来。她迷茫：自己才20多岁，女儿才6个月，今后这日子怎么过啊！她更心碎：一个壮实的大男人让伤痛折腾得变了形，仅仅几个月的卧床，屁股上已经长了褥疮，烂得很深，而且死神随时可能夺走他的生命。

整日以泪洗面的×××，在迷茫和心碎的交织中，并没有停下自己勤劳的双手，一边带着孩子，一边烧汤喂饭、翻身擦洗，细心护理着丈夫。她心里只有一个念头：丈夫虽然只剩半个身子、半条命，依然是铁路建设的英雄，依然是家里的顶梁柱，我要帮他战胜死神，要……

这一撑就是××年！从××××的工地医院，到××××的××××医院，再转到××市的××××医院，在这看似平凡却漫长的岁月里，×××全身心投入护理丈夫，用不屈不挠的精神，日复一日，顽强、乐观地坚持着信念，呵护着丈夫，培养着女儿，支撑着整个家。

…………

××××年××月，因肾功能衰竭已四天无小便的×××奄奄一息，医生已经开具了死亡证明。可最后，医生硬是把他从死亡线上拉了回来。从昏迷中醒过来的×××得知后，笑着对妻子说：这是四临鬼门关了，阎王爷硬是不要我，又要麻烦你了。

然而，压在×××肩上的不仅仅是丈夫的伤病，还有……

这些年来，单位领导换了一茬又一茬。逢年过节，没有哪一任领导不来慰问的；遇有困难，没有哪一位领导不给解决的，仅各种医疗费用就花费了上百万元。××××年，单位领导在×××机关驻地给×××分了一套住房……

看到×××的善良与辛苦，也曾有好心人多次为她介绍对象，对方也愿意和她一起共同照顾×××。她婉言谢绝：我虽然只经历了三个月新婚的喜悦和幸福，但我现在依然拥有一个完整的家，我不改嫁，我能撑起他的天空。苦尽甘来，×××的女儿成家后，为他们俩添了一对双胞胎的小外孙，一家六口常常在病房里发出快乐的笑声。

虽然仍躺在病床上，仍忍受着伤痛，说起当年抢险负伤的一幕，已年逾花甲的×××依然是兴奋的；忆起36年流逝的岁月，×××用幸福的眼神盯着妻子。他是幸福的：在与伤病的抗争中，他不仅品尝到了爱的暖意，更深切地体会到了人间的真情……

2.3.3　典型材料写作的注意事项

写作典型材料要求人物要真、事迹要真、做法要真、数据要真，可以说，真实是典型材料的生命。为此，写作者要尽可能深入所要选择的企业、部门、人物、工作现场，全面、准确、真实地掌握第一手资料。

写作典型材料一定要匠心独运，独辟蹊径，找准切入点。也就是说，要精心选择领导关心、群众关注的事情作为切入点，特别是要把事关全局、事关群众根本利益而又难以处理、难以推动的工作亮点、特色做法挖深、挖透。

写作典型材料，在语言文字的表述上，一定要选择那些实在、贴切的词语。

2.4 电话记录

电话记录是记录有关公务活动的电话内容的一种事务文书。除了一般的事务性联系，凡是内容比较重要的电话都应当由通话人做出记录，以备日后查找。

电话记录的主要特点是格式化，其记录项目一般较为固定，有的甚至用印制好的有关项目的电话记录簿来记录。

在日常公务活动中，有的电话通话时间长，内容复杂；有的电话通话时间短，但通话内容很重要；有的电话内容所涉及的事项需要马上处理，有的则需要日后处理；有的电话内容所涉及的事项要由通话人自己处理，但更多的要转交相关的责任人或责任机构处理。这些情况都说明电话内容单凭头脑记忆是不行的，记忆若有误差，电话内容在传达过程中就可能会走样。因此，为保证电话内容准确、完整，必须用文字记录下来，成为电话记录，作为办事和传达的依据。

根据通话对象，可以分为接收的电话记录和发出的电话记录；根据通话内容，可以分为通知性电话记录、协商性电话记录、事件处理过程电话记录等。

2.4.1 电话记录的格式、写法

接收的电话记录一般包括来电时间，来电单位，来电人的姓名、职务，来电事由，处理意见，接电人的姓名、职务。发出的电话记录一般包括去电时间，去电单位，去电人的姓名、职务，接电人的姓名、职务，去电事由。

2.4.2　电话记录范文模板

电话记录

<table>
<tr><td>来电单位</td><td></td><td>来电人姓名</td><td></td></tr>
<tr><td>接电人姓名</td><td></td><td>接电时间</td><td></td></tr>
<tr><td colspan="4">来电事由：</td></tr>
<tr><td>分管办公室
领导意见</td><td colspan="3"></td></tr>
<tr><td>局长批示</td><td colspan="3"></td></tr>
<tr><td>处理意见</td><td colspan="3"></td></tr>
<tr><td>办理结果</td><td colspan="3"></td></tr>
</table>

2.4.3 电话记录写作的注意事项

电话记录要询问并记录对方的单位名称、身份、姓名、电话号码、传真号码，以便联系。对重要事件，待电话记录完毕后，还要设法核实对方的身份。

在记录电话内容时，应按来电人的话逐一记录。若内容项目较多，应分项分段记录，以区分内容层次。

若是重要电话，应在记录完毕后要求对方再复述一遍，或自己主动复述一遍，进行核对，必要时应使用录音机把电话内容全部录下来，防止出现错漏。

第3章
计划类文书写作

计划类文书，是结合本地区、本单位或个人的实际情况，对未来一定时期内的全面工作或某项活动做出预想性的部署和安排的实用文书，即为了完成规定的工作目标或任务，将预先拟定的措施、安排、实施内容和实施步骤等用书面形式表达出来的应用文体。

按照涉及内容和期限的不同，计划类文书可细分为规划、要点、计划、安排、提纲、方案等。本章科学、合理、规范地介绍了计划类文书的写作格式与注意事项，让读者精确掌握计划类文书的写作要领。

3.1 规　划

规划，是个人或组织为某方面的工作制定的比较全面的、长远的发展计划，是针对未来整体性、长期性、基本性问题的思考和考量而设计的具有前瞻性的整套行动方案。它是个人或组织今后一段时间的工作蓝图、依据和目标。可以说，规划是比较全面的、长远的且具有战略性、发展性的计划；是蓝图式的，富有理想性和鼓动性的计划。

规划的适用范围非常广泛，大到国家建设、区域建设，小到个人职业规划，都会用到规划这种应用文体。

其实，规划是一种广义的计划，具备以下几个特点：

一、时间跨度大，一般为5~10年，如《中华人民共和国国民经济和社会发展第××个五年规划纲要》。

二、内容概括性强。由于时间跨度大，所以规划的目标任务、措施要求等比一般的计划概括性要强，不可能像计划那样具体到某个细节。

三、内容更有前瞻性和预见性。规划中所涉及的任务和措施基本都在5年以上，因此必须提高调查研究、科学预测和决策的质量，并在科学预测和决策的基础上提出规划的具体内容。如果没有高远的目光、没有深谋远虑、没有洞察未来的能力，规划的内容就会脱离实际，就会与客观环境的发展变化有很大的距离，这样的规划就失去了指导工作的价值。

四、规划是一种纲领性的文件。它提出的目标时间长而且范围广，必须有与之配套的年度计划和专项规划，才能充分发挥规划的作用。如《中华人民共和国国民经济和社会发展第××个五年规划纲要》出台以后，各省、自治区、直辖市也相应出台了各自的“××××规划”，工业、农业、环保、教育、市政与建设等部门也要制定相应的发展规划，形成互相配合、互相补充的综合体系，只有这样才能确保规划的落实。

3.1.1 规划的格式、写法

规划一般由标题、正文、落款三部分组成。

1. 标题

规划的标题通常包括规划制作单位、规划内容、规划时限和文种四个要素。当然，视情况需要，有时也可以省略文种以外的某个要素。

2. 正文

（1）前言。主要说明和交代制定规划的依据及基础，即社会条件、自然资源、经济基础和工作情况等背景材料。

（2）总纲。在前言的基础上，简要阐述今后工作应该遵循的原则。文字表述既要简短、概括、明确，又要显得坚定有力，能起到鼓舞人心的作用。

（3）奋斗目标。这是规划的主体和核心。在拟写奋斗目标时，首先需要明确总体战略目标，之后将总体战略目标分解为几个小的阶段目标，即提出每项工作的具体目标、时限和要求。叙述奋斗目标时应全面展开，力求明确具体、条理清晰。

（4）主要措施。制定规划，需要做到目标明确，措施有力。因为如果没有有效的执行措施作为保障，那么任何宏伟美好的规划都是空中楼阁，所以要紧紧围绕规划目标，有的放矢地提出实施的具体步骤和方法。一般情况下，这一部分与“奋斗目标”采取并列式结构，即在各自的目标提出后分别提出主要措施。

（5）结语。在正文的最后，既可以发出富有号召力、简短有力的远景展望以结束全文，也可以文随事结。

3. 落款

若是上报下发的规划，机关名称、印章和成文日期则写在正文末页右下方；若是媒体刊发的规划，机关名称和成文日期则写在标题之下、正文之上。

3.1.2　规划范文模板

×××× 大学“××××”发展规划（草案）

“××××”时期（××××年—××××年），是××××大学落实科学发展观、优化资源配置、完成转型，全面构建远程开放教育和高等职业教育“双轮齐转”新格局的关键时期。根据《××省国民经济和社会发展第××个五年规划纲要》精神，基于我校建设现状和未来的发展态势，本着立足现实，着眼长远，加快发展，科学发展的总体要求，制定《××××大学“××××”发展规划（草案）》。

一、“××××”期间我校事业发展的新环境

“××××”期间是贯彻落实科学发展观、经济结构快速调整、社会结构加快转型、全面推进小康社会建设的重要战略机遇期，也是高等教育大发展的重要历史时期……

（一）构建终身教育体系和学习型社会，为我校事业发展开拓了新的空间……

（二）我市全面推进五大产业结构优化升级战略，对我校事业发展提出了新的要求……

（三）高等教育激烈竞争的态势，使我校事业发展面临新的压力……

（四）教育布局调整和资源整合，使我校面临转型的新课题……

（五）学校改革发展中的新情况、新问题，使我校事业发展面临新的考验……

二、“××××”期间我校事业发展的指导思想

…………

三、“××××”期间我校事业发展的奋斗目标

为了确保总体目标能够实现，我校确立以下九个主要奋斗目标：

（一）学校发展规模

…………

（二）校区基本建设

…………

（三）教师队伍建设

…………

（四）学校总资产规模

…………

（五）品牌专业创建

…………

（六）教育教学质量

…………

（七）毕业就业工作

…………

（八）学校经济收入

…………

（九）教职员工收入

…………

四、“××××”期间事业发展的主要任务和措施

（一）扩大办学规模，实现新的跨越

1．努力扩大远程开放教育

…………

2．稳固提高普专教育

…………

3．大力发展中职教育

…………

4．全力创办高职教育

…………

5．认真办好非学历教育

…………

6．积极拓展国内外联合办学渠道

…………

（二）深化教育教学改革，提升教育教学质量

1．整合院系资源

…………

2．加强学科建设

…………

3．调整专业结构

…………

4．提高教学质量

…………

5．强化全面质量监控

…………

（三）加大科研力度，提高科研水平

1．增强科研意识

…………

2．明确科研重点

…………

3．推动交流与合作

…………

（四）加强队伍建设，优化师资结构

1．队伍建设规划

…………

2．推进高素质的教师队伍建设

…………

3．建立稳定的兼职教师队伍

…………

4．建立精干有效的科研、管理和技术队伍

…………

（五）推进素质教育，培养双高人才

1．素质教育的重点

…………

2．素质教育的形式

…………

3．素质教育队伍建设

…………

4．做好毕业生就业工作

…………

（六）坚持依法治校，创建和谐校园

1．加强民主政治建设

…………

2．加强勤政廉政建设

…………

3．加强精神文明建设

…………

4．加强师德建设

…………

5．加强校园综合治理

…………

（七）深化管理改革，提高管理效能

1．深化机构、干部、人事、分配制度改革

…………

2．深化财务管理制度改革

…………

3．深化后勤管理体制改革

…………

（八）积极筹措资金，加快新校区建设

1．多方筹措建设资金

…………

2．加快规划设计步伐

…………

3．按期完成新校区建设

…………

××××

××××年××月××日

3.1.3　规划写作的注意事项

规划与计划相似，但又有不同之处：规划具有长远性、全局性、战略性、方向性、概括性和鼓动性。从时间尺度来说，规划侧重于长期，计划则侧重于短期；从内容角度来说，规划侧重于战略层面，指导性和原则性较强；计划侧重于战术层面，执行性和操作性较强。计划是规划的延伸与展开，规划与计划是一个子集的关系，即规划中包含着若干个计划。

规划的正文一般都比较长，因此要求目录、大标题、小标题必须突出。

制定规划，要以大量的、宏观的、综合的和预测的信息为依据，严格按照自然规律和经济规律办事，既要有大胆开拓、勇于进取的革命精神，又要有实事求是、量力而行的科学态度。

制定规划要熟练地掌握科学理论和预测方法。在论证长远目标的可行性时要面向未来，既要顾全大局，又要兼顾其他；既要扬长避短，又要趋利避害，充分发挥整体的优势。

对于拟定的规划草稿，要集思广益、群策群力，广泛地邀请专家、学者进行比较鉴别，反复论证，力求使规划的内容最大限度地满足最广大人民群众的根本利益。只有这样的规划，才是最佳的规划。

3.2　要　点

要点属于计划类文书的一种，是针对未来一个时期实现某一工作目的，对计划所要做的具体工作及其步骤、方法等方面提出要点的一种应用文体。

要点与规划、计划虽有相似之处，但又有本质的区别。规划涉及的多是战略方针、战略任务、战略布局、战略措施和重大政策等宏观问题，是对未来工作的目标性安排，是将来要实现的蓝图，缺乏可操作性。要点涉及的多是工作的总体思路与各项主要工作、重要活动的大致安排等中观问题，即对将要进行的工作与活动的安排，略具可操作性。计划涉及的多是具体工作与活动的内容、步骤、程序、要求等微观问题，是对当前工作与活动的安排，是立即要付诸行动的，最具可操作性。

要点多用于领导机关对下属单位布置工作和交代任务。

3.2.1 要点的格式、写法

要点一般由标题、正文、落款三部分组成。

1. 标题

要点的标题通常包括发文机关、事由和文种三个要素。有时，标题中会省去发文机关或将落款用题下标示的方法标明。由于要点属于计划类文书，所以，标题中的事由部分，一定要标明年度，如“××××年××××管理工作要点”。

2. 正文

要点的正文，一般分为两部分。第一部分提出下一步的工作目标或者要求；第二部分写明为了实现这个目标或者要求，应该采取的措施和方法。写法可以采取分项式，一项一个内容。

3. 落款

要点的落款一般包括发文机关和发文日期，但是，如果标题和题下标示已标明发文机关和发文日期，则落款处可以省略。

3.2.2 要点范文模板

××××年河湖管理工作要点

××××年，河湖管理工作要以××××为指导，深入学习贯彻××××的重要讲话精神，全面落实××××的治水思路，坚定不移践行××××改革发展总基调，坚持……

一、加快推动河湖长制“有名”“有实”

1. 细化完善工作制度。……

2. 督促落实河长湖长履职考核制度。……

…………

6. 深入推动落实河湖长制任务。……

二、持续深入推进河湖“清四乱”常态化规范化

7. 深入推进“清四乱”常态化。……

8. 深入推进规范化管理。……

…………

28. 加强河湖管理相关基础工作。……

七、全面加强党的建设

29. 提高政治站位，坚决做到“两个维护”。……

30. 持续深化作风建设和党风廉政建设。……

××××

××××年××月××日

3.2.3 要点写作的注意事项

要点应简明扼要、少铺垫、少描述具体细节、少议论，这是要点的基本写作要求。

要点内容应高度概括，既包含全部工作，又突出重点任务，不展开论述，只择其要者而述之，条理清楚，层次分明，实事求是，既有定性要求，也有定量指标。

要点应求实创新。针对实现工作目标所提出的措施和方法，一定要有创新性，要在结合实际情况的基础上求实创新，切实推动工作不断向前。

要点应简练清晰，语言准确。在内容的表达上一定不要啰唆，要语言精练，条理清晰，明白易懂。

3.3 计 划

凡事预则立，不预则废。也就是说，做任何事情，都要有计划、有目

标、有步骤，只有这样才能更有效地完成任务。计划，是党政机关、企事业单位、人民团体预先对今后一定时间内的工作、活动做出设计、安排的一种计划类文书，是一种应用范围较广、使用频率较高的应用文体。

计划可以提高工作的预见性和自觉性，为日后检查工作进度，总结、评价和考核工作的完成情况提供依据。

计划具有推动作用。制订计划，可调动多方面的积极因素，工作起来“心中有数”，增强责任心和主动性，减少盲目性，形成良性循环，不断激发工作或学习的积极性。

计划具有保证监督作用。有了计划，可以随时掌握工作、生产、学习的进度，便于检查任务完成的情况，从而保证工作、生产、学习一个阶段一个阶段地稳步发展。如果某一环节出现特殊情况，未能完成指标，就可以根据这一特殊情况，及时采取有力的应急措施，并在后面几个环节中弥补，从而使整个计划能够顺利完成。

计划的种类有很多，可以按不同的标准进行分类。按内容可分为工作计划、学习计划、教学计划、营销计划、科研计划、分配计划、财务计划等；按效力可分为指导性计划、指令性计划等；按性质可分为综合计划、单项计划等；按范围可分为国家计划、地区计划、公司计划、部门计划、个人计划等；按时间可分为长期计划、中期计划、短期计划等；按表现形式可分为条文式计划、图表式计划、条文图表结合式计划等。依据这些分类标准进行划分，所得到的计划类型并不是相互独立的，而是相互交叉联系的。

3.3.1　计划的格式、写法

本节所讲的计划的写作格式主要指文章式，即把计划按照指导思想、目标和任务、措施和步骤等分条列项地编写成文。这种形式有较强的说明性和概括性，经常用于全局性的工作计划。

计划一般由标题、正文、落款三部分组成。

1. 标题

计划的标题一般包括编制单位、时限、事由和文种等要素。写作方式有两种：第一种是完整式标题，由编制单位、时限、事由和文种构成，如“××××后勤处××××年第××季度工作计划”；第二种是省略式标题，即视实际需要省略某些标题要素，有的省略了时限，如“××××局工作计划”，有的省略了单位，如“××××年综合治理工作安排”；有的省略了单位和时限，如“毕业生毕业工作计划”。

如果计划尚不成熟或还未讨论通过，可在标题后加上“初稿”“草案”“讨论稿”“征求意见稿”等字样。如果是表格式计划，可在标题后加“表”字，如“××××年下半年早操训练计划表”。

2. 正文

计划的正文一般由导语、主体、结语三部分组成。

（1）导语。导语一般会简明扼要地写出以下四个方面的内容：一是提出指导思想，即制订计划的依据；二是概括本单位的基本情况，分析完成计划的主、客观条件；三是提出总的任务和要求，或完成计划指标的意义；四是指出制订计划的目的。在写导语时，这四个方面的内容可根据实际情况做出选择。

导语以“为此，特制订计划如下”这类语句为过渡语，引出主体部分。

对于一些大型计划而言，其指导思想和基本情况可以分开写，而对于一些小型计划而言，可开门见山，精练概括。

（2）主体。计划正文的主体包括目标任务、要求、措施、办法、步骤、期限等内容。这部分是要求实施和随时对计划落实情况进行检查的依据。所以提出的目标任务、要求应当明确，完成任务的措施、办法、步骤、期限等要具体可行。目标任务、措施、步骤可分开写，也可将措施和步骤放在一起写。

目标任务是工作计划最重要的内容，明确回答“做什么”的问题。这部分是全文的重点，应该展开来写，分条列项，尽可能具体、明确，使“做什么”一目了然。

计划的措施、步骤包括实现计划的过程与做法。措施是指“怎么做”，写清楚采取何种办法，利用什么条件，由何部门何人具体负责，如何协调配合完成任务。步骤是指“何时完成”，即写明实现计划要分几个步骤或几个阶段。措施、步骤应尽可能具体、详尽，便于检查，以确保在计划执行过程中环环相扣，顺利进行。

计划的主体有以下三种写作方式：一是条文式，即把下一阶段的工作分成若干项目，逐项逐条地写明具体的目标任务、措施、办法、执行人员、完成时间等，这种写作方式适用于内容简单的计划；二是分部式，即将内容分成若干部分，每部分可用小标题概括重点或提示内容范围，这种写作方式适用于内容复杂的计划；三是贯通式，即依自然段落分层次写，开头常用提示句，这种写作方式适用于短期的、单一的、具体的计划与安排。

在正文中不便表述的内容，可添加“附件”。

（3）结语。计划的结语可以说明计划的执行要求，也可以提出希望或号召。有的计划，主体内容表述完毕后全文也就结束了，因此，写不写结尾，要根据内容表述的需要而定。

有附件的计划，附件名称应注于正文之后、落款的上方。

3. 落款

计划的落款包括署名和时间两个要素。署名即写上制订计划的单位名称。凡是在标题中省略单位名称的计划，必须在正文后署名。标题中已标明单位名称的，落款处可以不写单位名称。时间应写计划通过或批准的日期。

3.3.2 计划范文模板

范文模板一：

××××年度党支部主题党日活动计划

为进一步规范和创新党支部主题党日活动，扎实推进“××××”主题教育，现结合××××工作实际，特制定××××年党支部主题党日活动计划如下。

一、总体思路

党支部主题党日活动关键要有“党味”，突出思想性、政治性，体现庄重感、仪式感，常态开展理论学习和政治教育，引导党员牢固树立“四个意识”，坚定“四个自信”，做到“两个维护”……不断增强党内政治生活的政治性、原则性和战斗性，让党员得到锻炼、受到熏陶，使党组织更有凝聚力、影响力，确保活动落到实处、取得实效。

二、基本要求

（一）时间安排

…………

（二）参加对象

1．全体党员。

2．根据活动主题，可吸收党员发展对象、入党积极分子、群众代表等参加。

3．中层以上党员领导干部要以普通党员身份参加所在支部活动，发挥示范带头作用。

（三）活动主题

…………

（四）组织方式

…………

三、主要任务

坚持需求、问题和效果导向，围绕“实现什么目标、解决什么问题”设置活动主题，突出主题党日的政治属性，紧扣活动主题，探索行之有效的形式，充分发挥主题党日学习教育、凝心聚力、示范引领、传导动力和助推发展等作用，切实增强支部主题党日活动的吸引力、感染力和凝聚力。

（一）规范组织生活，加强党性锻炼

…………

（二）加强组织建设，增强基层组织力

…………

（三）立足岗位发挥作用，树立先锋形象

…………

四、保障措施

（一）落实工作责任。……

…………

（二）强化工作保障。……

…………

××××

××××年××月××日

范文模板二：

××××厂财会人员培训工作计划

为了适应本厂业务发展的需要，亟待提高在职财会人员的专业知识和业务水平，以提高企业的经营管理水平，经厂长批准，拟举办财会人员培训班。通过短期学习，使没有经过系统专业学习的中青年财会人员在本门业务方面达到财经中专毕业水平，能正确地掌握财会基本理论知识和财会工作的基本技能。

1．组织领导：由厂财务处会同人事处建立培训班领导小组，由总会计师主持。

2．培训对象：（1）本厂所属各分厂在职财会人员；（2）从现有在职干部中抽调的准备培养补充的财会人员。

年龄在40岁以上，具有高中及高中以上文化水平，身体健康，作风正派，能坚持业余学习而本人又自愿学习的，经组织同意均可报名，经过考试，择优录取。

3．培训方式：采用半脱产业余学习的办法。

4．学制：定为一年。每周一、三、五下午上课，每次上课4小时，利用工作时间，每周共12小时；另外，利用业余时间8～12小时进行自学、辅导、作业、讨论和教学实习等活动。

5．课程设置：……

6．教材和教师：教师由领导小组在厂部和各分厂会计师以上财会人员中聘请，一律为兼职；教材由任课教师推荐或自编，经领导小组同意后使用。

7．考核：每学期每门课程结束后进行考核，以巩固学员学到的知识，检查教学效果，提高教学质量，学员五门课程考试均及格者，由培训班发给结业证书。

8．时间安排：第一期为××××年××月××日至××日，共分为两个学期，每学期××周，其中讲课××周，复习考试××周，机动学习××周。

××××

××××年××月××日

3.3.3　计划写作的注意事项

制订计划要从本单位、本部门或个人的实际情况出发，不要脱离现实，正确估计客观条件和主观条件，量力而行。计划作为执行性文件，必须十分重视预想的现实可行性，其措施与办法必须切实可行，目标任务必须是努力后可以实现的。如果在实践过程中发现计划有不符合实际的地方，就要及时修改。

计划要制订得具体明确，便于实施，便于检查。计划中的目标任务、要求、措施、办法、步骤、期限等都要写得具体、明确。切忌含糊不清、模棱两可，以致无法落实、无法检查。

计划的表达方式要以说明为主，行文中不要夹杂不必要的议论。

3.4　安　排

安排是就某一内容单一的活动（工作）所制订的临时性的、时间较短的比较具体的计划。很显然，安排属于计划的一种，它是更为具体、短期、单一的计划。

按照内容的不同，安排可分为学习安排、生产活动安排、会议日程安排等。

3.4.1　安排的格式、写法

安排通常由标题、正文、落款三部分组成。

1．标题

安排的标题一般由发文机关、事由和文种构成，有时也可省略发文机关。

2．正文

安排的正文与一般计划的正文写法大体相同，也多由导语、主体和结语三部分组成。导语部分扼要说明制文的依据、意义等；主体部分写明任务、要求、步骤、措施等；结语部分常常是几句希望或号召的话语，也可以省略不写。

3. 落款

若是上级机关对下属单位的工作安排，也可将这部分内容在标题与题下标注中写出，不必在正文后重复落款。

3.4.2 安排范文模板

关于召开区委班子民主生活会的安排

根据××××〔××××〕××号文件和××××〔××××〕××号文件“关于召开××××年上半年各级党委班子民主生活会的通知”精神，结合我区的具体情况，决定于××月××日召开区委班子民主生活会。为了开好这次民主生活会，特做出如下安排：

一、这次民主生活会的主要任务

…………

二、这次民主生活会的内容

主要是两个文件规定的内容，现综合如下：

1. 结合班子成员所分管的工作和战线工作任务，检查工作中存在的主要问题……

2. 检查班子成员在党务、行政、经济及其他各项工作中的整体意识方面存在的问题……

3. 检查班子廉洁自律的情况，主要看为人民服务的宗旨树立是否牢固，有无以权谋私等问题……

4. 检查班子成员在开展“××××”学习活动中的表率作用。解决党员意识不强和先锋模范作用不突出的问题。

三、这次民主生活会的具体要求

1. 会前要认真做好准备工作。

一是……

二是……

三是……

2. 会上要进行积极的思想斗争。

一是……

二是……

三是……

3. 会后要做好整改工作。

一是……

二是……

三是……

××××

××××年××月××日

3.4.3　安排写作的注意事项

安排一般是一事一文，写作时表达应尽量具体、简明。

3.5　提　纲

提纲是一种概括地叙述纲目、要点的应用文体，是对一本书、一个规划、一个宣言、一个文本等结构性的、主要的、核心的、实质性的内容的总结、概述和介绍。

提纲具有纲要性和条理性的特点。纲要性，即把汇报、传达和发言的纲目、要点提纲挈领地写出来。条理性，即正文事务文书条理清晰。由于提纲具有这些特点，所以它在工作中运用得比较广泛。

根据用途的不同，提纲可分为汇报提纲、传达提纲、发言提纲、调查提纲等。

3.5.1　提纲的格式、写法

提纲一般由标题、正文、落款三部分组成。提纲的标题比一般公文的标题更自由、灵活、随便一些，而正文因提纲不同，也有些差异，结语可长可短。下面介绍几种常用的提纲的格式、写法。

1. 汇报提纲

这是在向上级领导机关汇报工作时使用的一种应用文体。汇报人按照提纲中的纲目，加上脑海中记忆的具体材料，向领导进行口头汇报。

汇报提纲一般由标题、正文、落款三部分组成。

（1）标题。汇报提纲的标题一般有三种书写方式：第一种由事由和文种构成，如“关于××××筹备工作进展情况的汇报”；第二种由听取汇报的对象和文种构成，如“向××××汇报提纲”；第三种采用主副标题法，主标题用的是文章的标题，或阐发意义，或突出作用，副标题加以补充、限制。

（2）正文。正文是汇报提纲的核心、重点、关键。其内容主要包括工作情况、经验体会、问题教训、今后打算，以及需要上级领导帮助解决的一些问题和建议。向本单位以外的领导汇报时，还需要先简要介绍一下本单位的概况。

汇报提纲的目的是让上级领导了解情况。因此，在汇报中不要进行过于详细的叙述。

（3）落款。署名、日期有写在正文右下方的，也有直接写在标题下的。

2. 传达提纲

传达提纲是某一职能部门或下级机关在传达上级机关召开的某一重大会议的精神时所使用的一种应用文体。目的是保证把会议的内容全面、准确地告诉下级机关中的工作人员和广大人民群众，以便统一思想、统一行动。

传达提纲一般由标题、正文、落款三部分组成。

（1）标题。一般由会议名称和文种构成，如“关于××××会议的传达提纲”。

（2）正文。传达提纲的正文，一般包括会议概况、会议的基本精神、会议的典型经验、会议所解决的问题、贯彻会议精神的意见。如果没有介绍典型经验，也可以不写。结语部分可在结尾处写上“以上是这次会议的主要精神，如果与会议精神不符，本人负责”，或者写上“以上是会议的基本精神，若有不确切的地方，以会议文件为准”之类的话。

（3）落款。署名、日期有写在正文右下方的，也有直接写在标题下的。

3. 发言提纲

发言提纲一般由标题、正文、落款三部分组成。

（1）标题。一般由会议名称和文种构成，如“在省纪委廉政教育座谈会上的发言提纲”。

（2）正文。由于会议类型比较多，所以发言提纲没有固定的格式或模式，但还是有一定的写作规范的。

发言提纲正文的开头要说明发言的缘由，即为什么来开会，为什么让自己参加这个会议，自己参加会议的心情等。

开头之后的主体是发言提纲的核心内容，主要是围绕会议的主题有感而发的内容。这部分内容讲什么、怎么讲、讲多少，都是由会议的主题决定的。发言提纲可分为简单提纲和复杂提纲两种。简单提纲，即只拟出发言的要点，具体内容不做展开。复杂提纲也叫详细提纲，即在简单提纲的基础上做展开，重点内容都要一一涉及。

（3）落款。署名、日期有写在正文右下方的，也有直接写在标题下的。

4. 调查提纲

调查提纲是上级机关和下级机关都要使用的一种提纲性公文，是调查研究题目的具体化。有的是上级机关为研究工作，让被调查的下级机关依此准备讨论、研究的材料；有的是上级机关或下级机关自己进行调查研究前准备的提纲，供自己使用。

调查提纲内容的涉及面很广，可以是上级给下级规定汇报内容的提纲，也可以是下级给上级汇报前事先准备的提纲。

调查提纲一般由标题、正文、落款三部分组成。

（1）标题。标题通常只写“调查提纲”字样，有时可在“调查提纲”前加上事由，即“关于××××的调查提纲”。

（2）正文。正文可分为三部分来写。首先是调查提纲的准备缘由、收集情况的范围、方式和要求等；其次是要调查或汇报的内容，提出调查的重点、准备汇报的问题等，这部分是提纲的主体，可以分条列出；最后是对被调查单位及负责人做出必要的交代，以明确责任及汇报的时间等。

（3）落款。署名、日期有写在正文右下方的，也有直接写在标题下的。

3.5.2 提纲范文模板

范文模板一：

向××××工程领导小组第三次会议汇报提纲

×××× ××××

（××××年××月××日）

从××××年××月××日××××工程开工至今，在××××、××××、××××、××××和××市的领导下，在各有关部门和单位的大力支持下，经过全体建设人员的艰苦努力，工程有了较大的进展。

当前，建设正处于关键时刻：一阶段工程已进入……二阶段工程即将开工建设，与一阶段工程交叉进行……

（一）关于领导小组第二次会议《纪要》执行情况

…………

（二）为确保实现“××××”目标必须采取有效措施

…………

（三）关于一阶段工程总体试车方案

…………

（四）关于二阶段工程建设安排

…………

范文模板二：

调查提纲

市直各有关单位：

为了全面贯彻××××会议精神，保证价格、工资改革的顺利进行，请各有关单位立即着手进行调查研究，并根据我市实际情况提出改革措施。我市于近期将采取分片座谈汇报和工作人员直接深入单位等形式听取有关情况。

1．我市基本建设规模的基本情况

…………

2．几年来我市社会集团购买力增长情况

…………

3．我市工资总额和奖金总额增长情况

…………

4．我市金融现状

…………

5．我市流通领域现状

…………

6．我市化肥、农药、薄膜等农业生产资料专营的基本情况

…………

7．我市粮、油、肉、蛋、菜的需求、供应情况

…………

8．我市应选哪些盈利的大中型国有企业进行发行股票试点

…………

9．我市减免税现状

…………

10．我市外汇收支上缴情况

…………

11．我市开展增产节约、增收节支活动情况

…………

中共××市委办公室

××市人民政府办公室

××××年××月××日

3.5.3　提纲写作的注意事项

在写作汇报提纲时，一定要注意突出重点，有针对性；要根据具体的汇报对象去撰写，言简意赅，直接切入重点，切忌泛泛而谈，不着边际。

传达提纲在传达会议内容时，应按时间顺序安排材料，必要时对其中的重大项目进行高度概括。在传达会议成果和意义时，要分条列项，逐一列出，条理清晰。

发言提纲的写作可繁可简，可根据每位发言者的实际情况、表达习惯而定。总之，它没有特别严格的写作要求，约束性较小。

3.6 方　案

方案是计划类文书中内容最为复杂的一种应用文体，它一般从目的、要求、方式、方法、进度等方面进行部署，具有很强的可操作性。方案一般适用于专项性工作，通常需要经上级批准。

3.6.1 方案的格式、写法

方案按类型可分为工作方案、会议方案等。另外，方案因其类型不同，格式、写法也有所不同。

1. 工作方案

工作方案的适用范围很广泛。从适用的主体来看，既可以是各级的党政机关，也可以是企事业单位和人民团体；从工作方案的内容来看，涉及政治、经济、文化及人们的生活等各方面的内容。

工作方案一般由标题、正文、落款三部分组成。

（1）标题。方案的标题有两种写法：第一种由发文机关、方案内容和文种构成，如“××××发展规划总体方案”；第二种省略发文机关，但这个发文机关必须在领头的“批示性通知”（文件头）的标题中体现出来。

（2）正文。一般由导言与方案内容两部分组成。方案的导言部分要简明扼要地交代方案制定的目的、意义和依据，一般是以“为了……根据……特制定本方案”的固定形式来表述的。导言部分是方案生成的基础，一定要有，否则，方案就失去了制定的意义和依据。

由于一些具有某种职能的具体工作比较复杂，不做全面部署不足以说明问题，因此，方案内容势必会烦琐一些。方案内容一般有两种写法：一是分指导方针、主要目标、实施步骤、政策措施及要求几个部分来写，这种较为固定的格式适合于一般常规性的单项工作；二是根据实际需要只写上面提到的部分事项，适合于特殊性的单项工作。但不管采用哪种写法，主要目标、实施步骤、政策措施这三个部分是必不可少的。另外，在实际写作时，这些部分可以有不同的名称，如把主要目标称为目标和任务或目标和对策等；把政策措施称为实施办法或组织措施等。主要目标一般还分为总体目标和具体目标；实施步骤一般还分为基本步骤和关键步骤；政策措施一般还分为政策保证、组织保证和具体措施等。

总之，这部分内容必须从实际需要出发，或多或少、或详或略地表述，切忌千篇一律。

（3）落款。署名、日期大多位于标题之下、正文之上的特定位置，也可写在正文右下方。

2. 会议方案

会议方案是在召开大中型会议之前，对会议的召开所做的预定方案，是用于报请上级主管部门审批的书面材料。会议方案做得好，对会议成功召开有很大的帮助。然而，并非每个会议都要写会议方案，一般小型的会议不用写会议方案。

会议方案一般由标题、主送机关、正文、落款四部分组成。有的会议方案还会有附件。

（1）标题。标题一般有两种形式：第一种由开会机关名称、会议名称和文种构成；第二种由会议名称和文种构成。

（2）主送机关。靠左顶格写报批的领导机关，有的也可不写。

（3）正文。正文一般由开头、主体和结语三部分组成。开头部分写召开会议的依据，会议的名称、时间、地点和会期等，然后用“特制定会议方案如下”，以便承上启下。主体部分写会议的目的、规模、日程安排、准备工作和经费预算等。有的还把邀请参加会议的上级主管部门人员的名单写上。结语部分一般以惯用语“以上方案，当否，请批示”结尾。

（4）落款。署名，即写出召开会议的单位名称，如“××××会议领导小组”“××××会议筹备小组”，在下一行写拟定此方案的日期“××××年××月××日”。

3.6.2 方案范文模板

范文模板一：

×××× 规划编制工作方案

“××××”时期（××××年—××××年）是深入贯彻××××精神，全面深化改革、加快经济发展方式转变的攻坚时期，也是我县加快推进经济社会发展建设步伐，全面建成小康社会的关键时期。为切实做好全县××××规划编制工作，根据区、市××××规划编制工作总体部署，结合我县实际，制定如下工作方案。

一、总体要求

做好××××规划编制工作，必须坚持……

二、主要原则

（一）坚持改革创新原则。……

（二）准确把握政府与市场关系原则。……

（三）科学设定规划目标、指标原则。……

（四）强化全球视野和战略思维原则。……

（五）增强规划可操作性原则。……

（六）坚持开放、民主编制规划原则。……

（八）坚持远近相结合原则。……

三、规划编制体系

××××规划编制体系由总体规划和专项规划组成。

（一）总体规划

…………

（二）专项规划

…………

四、工作安排

（一）全县××××规划编制工作安排。我县规划编制工作总体上与区、市同步进行，主要分为三个阶段。

第一阶段：重大问题研究和基本思路形成阶段（截至××××年××月××日）。主要开展规划重大问题研究和基本思路起草工作。

…………

第二阶段：《规划纲要（草案）》基本框架形成阶段（××××年××月—××××年××月）。主要形成《规划纲要（草案）》的基本框架。

…………

第三阶段：《规划纲要（草案）》起草完善阶段（××××年××月—××××年××月）。根据县委建议，完成《规划纲要（草案）》的起草、征求意见、修改完善、汇报、提交审议等工作。

…………

（二）专项规划编制工作安排。……

（三）乡镇规划编制工作安排。……

各乡镇××××规划编制工作，可以参照本方案，结合实际做出安排。

五、工作要求

（一）加强组织领导。……

（二）提高创新能力。……

（三）抓紧调查研究。……

（四）做好保障工作。……

××××

××××年××月××日

范文模板二：

××××厂关于召开××××工作会议的方案

××市××局：

为了贯彻落实××××《关于加强××××的决定》，我厂定于××月××日至××日，在厂招待所召开职工教育工作会议，特制定会议方案如下：

一、会议目的。认真学习××××《关于加强××××的决定》，传达省、市教育工作会议精神，结合我厂实际情况，制定加强职工教育的规划，研究落实中青年职工的“双补”教育工作。

二、会议规模。……

三、会议日程。……

四、会议形式。……

五、会议准备工作。……

六、会议经费。为了集中精力开会，所有参加会议人员一律在招待所食宿，其各项开支见附表。

附表：（略）

××××

××××年××月××日

3.6.3 方案写作的注意事项

工作方案要根据上级的有关文件和精神来制定，要根据所要实施的工作的目的、要求、内容及单位的实际情况来制定，而不能随意制定。而且，工作方案一旦制定出来，制定机关及相关部门单位就要按照工作方案认真组织实施。

工作方案要对某项工作的内容、要求、实施步骤及督促检查等各个环节做出具体明确的安排。

在拟制工作方案的过程中，要广泛收集资料，找到理论依据，通过对草案的分析、比较、鉴别、评估，尽量避免出现漏洞。

第4章 规约类文书写作

规约类文书，也称规章制度类文书，是党政机关、人民团体、企事业单位及其他各类组织机构在其职权范围内制定并发布的用以实施管理、规范工作、指导人们言行的具有法规性、约束力的公文。它可以保证组织有效运转，是实现组织目标的可靠保证。

规约类文书明确规定人们可以做什么、不可以做什么、什么事该如何做，可以有效地统一人们的思想意识，增强民众的法规意识、制度意识、规范意识、公德意识。这类文书的使用范围很广，几乎覆盖了社会生活的各个方面，对整个社会都有明显的宣传教育作用。

规约类文书的性质属于法规、制度，它是根据党和政府的相关规定制定出来的人们共同遵守的行为规范、办事准则、活动依据，对所属区域或范围内的任何机构和个人都有极强的约束作用，要求人们无条件地遵照执行。如果有人违背，必将受到谴责和处罚，甚至法律的制裁。

规约类文书从拟制、确定到发布生效，都要遵守一定的程序。不同类别的规约类文书其生成的具体程序不同，有的根据法规制定和颁布，如条例、办法、规定等；有的虽然没有固定的法律程序，但要经过商议、讨论，并经领导机关批准或经法定会议通过方能生效，如章程、守则、公约、规则等。

规约类文书一经生效，统辖范围内的所有人都必须遵守，不能有例外，也不容许随意解释或更改。如果在执行过程中发现有不足或漏洞，可在一定时间内或经过必要手续进行修改，来不及修改的，可用补充规定等形式弥补。

规约类文书的发布方式多样：党派、团体所制定的章程、准则等必须由会议正式通过，然后印发执行；国家各级党政机关制定的条例、规定、制度、办法等必须以命令（令）或通知的形式下发执行；公约、须知等适用对象比较广泛的文书一般直接印发或张贴即可。

规章类文书包括章程、条例、办法、细则、规定、规则、规程、制度、守则、公约等。

4.1 章　程

章程是指书面形式的组织规程和办事规则。在应用文写作中，章程是组织、社团经过特定的程序制定的关于组织规程和办事规则的规范性文书，是一种根本性的规章制度。

章程是一个组织进行自身管理的基本规则，它有以下几方面的作用：

一是章程可以保证组织的思想统一。任何一个组织都有自己的性质、宗旨、指导思想、基本任务，它的成员必须就这些内容达成共识，才能保证这个组织的思想统一。

二是章程可以明确组织内部的管理机制。章程应对领导岗位的设置、领导者的产生办法和任期、下设部门和分支机构等一一进行确定，以保证组织内部的管理机制正常运行。

三是章程可以保障成员的权利，约束成员的行为。章程明确了组织成员的权利和义务，并对成员的权利起到了保障作用。同时，章程还对成员的行为做出种种规范，凡是违反章程的成员，都应受到处罚或制裁。

由此可知，章程反映了一个组织全体成员共同的理想、愿望、意志，体现了全体成员的共同利益，而且，章程只有经过充分的讨论并达成共识才能建立起来。没有达成共识、多数人持质疑态度的内容，不能写入章程中。章程一经确定，在一定时期内会稳定地发挥作用，不能朝令夕改。如果需要更改或修订章程，应履行特定的程序与手续（经组织全体成员或其代表充分讨论和审议通过）。章程是组织或团体的基本纲领和行动准则，作用于组织内部，对每个成员都有约束力，需要全体成员遵章行事。

章程的使用范围有两个：一是政党或人民团体用于规定其组织的性质、任务、宗旨等，让本组织的成员共同遵守，以保证其纯洁性和战斗力；二是企事业单位用于规定其业务性质、活动制度和行为规范，以保证自身持续发展。

4.1.1　章程的格式、写法

根据不同的分类标准，章程可以分为几类，比如，政党章程、公司章程、团体章程等。尽管类型不同，但其写作格式大体都是相同的，下面，就来介绍章程的写作格式。

章程有其固定的结构，一般由标题、题注和正文三部分组成。

1. 标题

章程的标题有两种形式：第一种由组织名称和文种构成，如“中国共产党章程”；第二种由组织名称、事由和文种构成，如“中国银行外币存款章程”。

章程如果是尚未经代表大会通过的，应在标题末尾加上“（草案）”字样。

2. 题注

章程的题注，即在标题下方、正文上方，写明通过该章程的会议名称和时间，并加上括号居中排列。

3. 正文

章程一般采用章条式的结构，即全篇按内容分为若干章。通常第一章为总则，最后一章为附则，中间各章为分则。每一章又按内容表达的需要分为若干条。条的序号从第一章的第一条连贯而下连续编码，直到附则的最后一条结束，形成严密的整体结构。

总则又称总纲，从总体说明该组织或团体的性质、宗旨、任务、作风等。有的还会写出组织名称、指导思想和组织要求等内容，以体现其总纲的作用。

分则是章程的主体，内容较多，一般包括组织的组成人员、组织构成，以及其他内容。组织的组成人员，主要说明参加该组织的条件，成员的权利和义务等。组织构成，既可以包括组织机构的设置、产生、任期、职责及相互关系等内容，也可以包括其他内容，如纪律要求、与有关组织的关系、经费等。

附则是章程的最后一部分，通常包括章程的制定者、解释权、修订权、生效日期及其要求等内容。

公司章程的写法有所不同，总则包括制定章程的依据、公司的名称及地址等。分则包括宗旨，经营范围，注册资金和投资者的出资额，投资者的权利与义务，公司的组织机构、财务会计、收益分配、解散等内容。附则包括补充条款及未尽事宜的处理意见，如章程通过的机关、审批机关、生效日期及解释权的归属等。

对于简单的章程，其内容可以不分章，只用条表示。

4.1.2 章程范文模板

范文模板一：

中国共产党章程（节选）

（中国共产党第十九次全国代表大会部分修改，2017年10月24日通过）

总 纲

中国共产党是中国工人阶级的先锋队，同时是中国人民和中华民族的先锋队，是中国特色社会主义事业的领导核心，代表中国先进生产力的发展要求，代表中国先进文化的前进方向，代表中国最广大人民的根本利益。党的最高理想和最终目标是实现共产主义。

中国共产党以马克思列宁主义、毛泽东思想、邓小平理论、“三个代表”重要思想、科学发展观、习近平新时代中国特色社会主义思想作为自己的行动指南。

…………

第一章 党 员

第一条 年满十八岁的中国工人、农民、军人、知识分子和其他社会阶层的先进分子，承认党的纲领和章程，愿意参加党的一个组织并在其中积极工作、执行党的决议和按期交纳党费的，可以申请加入中国共产党。

第二条 中国共产党党员是中国工人阶级的有共产主义觉悟的先锋战士。

…………

第三条 党员必须履行下列义务：

…………

第四条 党员享有下列权利：

…………

第二章 党的组织制度

第十条 党是根据自己的纲领和章程，按照民主集中制组织起来的统一整体。党的民主集中制的基本原则是：

…………

第十一条 党的各级代表大会的代表和委员会的产生，要体现选举人的意志……

第十二条 党的中央和地方各级委员会在必要时召集代表会议，讨论和决定需要及时解决的重大问题。代表会议代表的名额和产生办法，由召集代表会议的委员会决定。

第十三条 凡是成立党的新组织，或是撤销党的原有组织，必须由上级党组织决定。

…………

第十四条 党的中央和省、自治区、直辖市委员会实行巡视制度，在一届任期内，对所管理的地方、部门、企事业单位党组织实现巡视全覆盖。

…………

第十章 党和共产主义青年团的关系

…………

第十一章 党徽党旗

第五十三条 中国共产党党徽为镰刀和锤头组成的图案。

第五十四条 中国共产党党旗为旗面缀有金黄色党徽图案的红旗。

第五十五条 中国共产党的党徽党旗是中国共产党的象征和标志。党的各级组织和每一个党员都要维护党徽党旗的尊严。要按照规定制作和使用党徽党旗。

范文模板二：

××××手机银行业务章程

第一条 为规范手机银行服务业务的管理与操作，明确交易各方的权利和义务，维护客户和银行的利益，依照国家的法律法规及××××银行相关规章制度，制定本章程。

第二条 本办法所指的手机银行业务是指××××通过无线网络，利用手机以及各类基于手机操作系统的移动终端为客户提供的金融类业务及增值服务。

第三条　××××银行办理手机银行业务的分支机构、手机银行客户均须遵守本章程。

第四条　××××手机银行的客户须具备……

…………

第二十一条　本章程自××××年××月××日起实施。

4.1.3 章程写作的注意事项

章程的结构要严谨，一环扣一环，要体现严密的逻辑性，使章程成为一个有机的统一体。

撰写章程时，必须注意其严肃性，务必使每章、每条都合理、规范和完备。

章程所涉及的内容，要根据现有的条件，尽量做到周到细致，完备无缺，同时又要考虑在一定时间内的稳定性。

章程条目要明确、具体、通俗易懂、用词规范，不要使用抽象的语句，条文要前后贯通，不能前后矛盾或解释不一。

撰写章程时还要广泛征求专家的意见，多次讨论，逐步完善后定稿。

4.2 条　例

条例是党委、人大、政府及有关特定部门，依据法律或管理工作的需要而制发的，用以对政治、经济、科技、文化、外交、军事等领域的活动进行规定，或对党的组织工作、活动及党员行为做出规范的全面系统、长期有效的规范性公文。

条例的制发权只属于国家最高行政机关，它是对国家某一政策、政律、法令的补充与辅助规定。条例本身也具有法令的权威性和严肃性。

4.2.1 条例的格式、写法

条例一般由标题和正文两部分组成。

1. 标题

条例的标题通常由发文机关、事由和文种构成，如“中华人民共和国审计条例”“广东省计划生育条例”等。有的省略了发文机关，如“借款合同条例”“行政法规制定程序暂行条例”等。

如果标题中不标明发文机关，就要在正文之后增加落款，标明发文机关和日期。

题下标示主要标明会议通过条例的日期或条例发布日期。

2. 正文

条例正文一般分为总则、分则和附则三部分。总则或相当于总则的部分，多有一段导入语，简要说明条例制发的目的、意义、法令依据、适用范围等。分则部分分章节或条目分别列出条例的具体内容。附则部分是对分则的补充说明，多用于说明负责解释的机关、实施的日期及对已颁布的同一内容法规效力的说明等。

内容比较简单的条例，可以直接分条目列述。

在写作条例时，有以下几种常用的写法：

第一种是条中设例，即将“条”中“应该”“可以”“能”“必须”“要”干什么与“例”中“不应该”“不可以”“不能”“不要”干什么两个方面糅合在一条中，使条文正反结合紧密，是非界限分明。

第二种是集中设例，即在一章、一节或一条中将“不应该”的内容集中起来，从而使禁止事项非常突出。

第三种是集中设条，即在一章、一节或一条中只讲明“应该”“可以”“能”“必须”“要”等，从而正面陈述条文内容。

4.2.2　条例范文模板

山东省学校安全条例（节选）

（2018年11月30日经山东省第十三届人民代表大会常务委员会第七次会议通过，自2019年1月1日起施行）

第一章　总则

第一条　为了保障学校安全，维护学校教育教学秩序，保护学生、教师以及其他职工和学校的合法权益，为培养德智体美劳全面发展的社会主义建设者和接班人创造安全环境，根据《中华人民共和国教育法》《中华人民共和国义务教育法》等法律、行政法规，结合本省实际，制定本条例。

第二条　本省行政区域内学校的安全保障与风险防控、安全教育与管理、应急处置与事故处理等，适用本条例。

本条例所称学校，包括幼儿园、普通中小学校、中等职业学校、技工学校、高等学校和特殊教育学校。

…………

第二章　安全保障与风险防控

第十条　县级以上人民政府应当建立教育、人力资源社会保障、公安、卫生健康等部门参与的学校安全保障和风险防控机制，制定学校安全应急预案，并将学校安全工作作为教育督导的重要内容。

…………

第三章　学校安全教育与管理

第二十四条　学校应当开设安全课程；针对学生群体和年龄特点，联合有关部门和社会组织开展禁毒和防范网络沉迷、诈骗、溺水、欺凌、暴力以及交通安全、消防安全、食品安全、自救与互救等专题教育；通过互联网安全教育平台、专题讲座、志愿服务等方式，对学生、学生家长进行安全教育。

学校应当经常性地对教师、安全保卫人员以及其他职工进行安全风险防控、应急处置和相关法律知识的教育培训。

…………

第四章　应急处置与事故处理

第四十五条　发生安全事故，学校应当立即启动处置预案，依法采取防范、控制、救助、抢险等措施，并按照规定报告县级以上人民政府教育、人力资源社会保障和其他有关部门；属于生产安全事故的，同时报告应急管理部门。

符合启动安全事故应急预案条件的，有关部门接到报告后应当立即启动应急预案；属于重大或者特大安全事故的，由县级以上人民政府立即启动学校安全应急预案。

…………

第五章　法律责任

第五十三条　对违反本条例规定的行为，法律、行政法规已经规定了法律责任的，适用其规定。

…………

第六章　附则

第六十二条　经批准设立的其他教育培训机构的安全工作，参照本条例执行。

第六十三条　本条例自2019年1月1日起施行。

4.2.3　条例写作的注意事项

条例的写作要符合宪法和法律，符合党和国家的路线、方针、政策。

条例的写作要从实际出发，实事求是，使其切实可行。

条例的条文应安排得当，以便让人迅速、完整、准确地掌握条例的内容。

4.3　办　法

办法是党政机关、企事业单位使用的一种规范性公文，主要用于制定对某项工作的安排或具体管理措施，所涉及的多是具体事务和单一事项，如关于外资企业管理、税收、票汇结算等。办法经过一段时间实施后，会逐步发展为条例。

办法的发文机关一般是行政机关及其主管部门，企事业单位也经常使用。

根据性质的不同，办法可分为实施办法和管理办法两种。

4.3.1　办法的格式、写法

办法一般由首部和正文两部分组成。在写作格式上，多用条款式行文。

1. 首部

办法的首部包括标题、发文时间和依据等内容。

（1）实施办法。实施办法的标题有三种形式：第一种由规范对象和文种构成，如“生猪、鲜蛋、菜牛、菜羊、家禽购销合同实施办法”；也有不显示“实施”二字的，如“婚姻登记办法”。这类标题写法，往往只就原件的某方面提出实施意见，其内容范围比原件要窄。第二种由施行区域（单位）、规范对象和文种构成，如“××省科学技术进步奖励实施办法”。原件明令由下级机关或有关部门另行制定实施办法的，多采用这种标题。第三种由原件标题和文种构成，如“中华人民共和国学位条例暂行实施办法”。和原件同时产生、对原件全面实施的办法，多采用这种标题。

（2）管理办法。管理办法是根据管理需要制定的工作规范，因此，其标题通常由规范范围、规范对象和文种构成，如“互联网信息服务管理办法”“聘请科学技术人员兼职的暂行管理办法”等。

办法的标题之下要用括号注明办法发布的日期和通过办法的会议，或通过的会议、时间及发布的机关名称、时间，或批准的机关名称、时间等。如题下标示中标明发文机关，就不能在标题或落款中再有发文机关出现。有的办法随“命令”“令”等文种同时发布，这一项目内容可不再写。

2. 正文

无论是实施办法，还是管理办法，其正文的格式基本都是相同的。一般由三部分组成：制发缘由、具体内容、结语（或附则）。制发缘由为制定办法的依据、目的；具体内容为办法正文的主体；结语常用以说明办法的适用范围、实施日期、要求、解释权等。

内容复杂的，可采用总则、分则、附则的方式来写；内容简单的，通常采用分条列述的写法。

4.3.2 办法范文模板

淄博市柔性引才实施办法（节选）

第一条　为鼓励我市用人单位柔性引进各类高层次人才，根据《山东省柔性引进人才办法》（鲁人社发〔2019〕36号）、《进一步加强新形势下引才用才的若干措施》（淄组发〔2019〕31号），制定本实施办法。

第二条　本实施办法所称柔性引才，是指我市用人单位在不改变市外人才与所属单位人事、档案、户籍、社保等关系的前提下，按照“契约管理、绩效激励”的原则，实现“不求所有、但求所用，不求所在、但求所为”的一种引才机制。

第三条　柔性引才通过顾问指导、挂职引进、兼职引进、合作引进、退休特聘等多种形式，坚持“瞄准产业引人才、针对短板引人才、聚焦需要引人才”，突出“高精尖缺”导向，引进全市经济社会各重点领域急需紧缺人才。

…………

第六条　柔性引才的支持措施

1．创建重大平台支持。用人单位引进的高层次人才主导建设并被认定为国家级、省级创新平台或名师工作室、临床重点专科（学科）的，按照有关规定分别给予200万元、50万元平台奖励（责任单位：市发改委、市教育局、市科技局、市工业和信息化局、市卫生健康委）；被认定为国家级、省级创业平台的，按照有关规定分别给予100万元、50万元平台奖励（责任单位：市人力资源社会保障局）。

2．设立工作站点支持。对用人单位新建院士工作站、国家重点人才工程专家工作站、全国名中医药专家传承工作室的，给予30万元支持，根据运行情况和成果转化成效，最高支持100万元（责任单位：市教育局、市科技局、市卫生健康委）。院士工作站的在站聘任院士可申请省财政每月2万元的生活津贴和每年10万元的科研活动经费。获批省级资助的，市财政按1:1比例配套资助。对博士后科研工作站、博士后创新实践基地招收的博士后研究人员，完成开题报告后，给予一次性招收补贴5万元；博士后研究人员出站后留淄全职就业或创业的，市财政再给予10万元的一次性补贴（责任单位：市人力资源社会保障局）。

3．共建合作项目支持。鼓励我市企事业单位从市外柔性引进知名专家学者担任“名誉副校长”“名誉副院长”“科技副总”，指导学科建设，培养人才团队，推进科技成果转化，解决关键技术难题。对与用人单位签订4年以上（含4年）聘用合同和合作协议，通过项目合作、技术指导、培训咨询等方式，每年在淄为用人单位工作不少于2个月，明确约定劳动报酬并实际领取的各类高层次人才（类别见附件1），经认定，每年按照劳动报酬30%给予生活补贴，累计总额分别不超过200万元、100万元、50万元，资金由市、区县财政各按50%承担（责任单位：市教育局、市科技局、市人力资源社会保障局、市卫生健康委）。

…………

第十条　本办法自发文之日起施行。此前我市发布的文件规定中，关于柔性引才的政策与本办法不一致的，以本办法为准。补贴资金按“就高不就低”原则执行，不得重复享受。本实施办法由市委组织部、市人力资源社会保障局负责解释（部门联系方式见附件2）。

附件1. 淄博市柔性引进高层次人才类别

…………

附件2. 淄博市柔性引才工作部门联系方式

…………

4.3.3　办法写作的注意事项

办法的制定依据往往是上级机关的法令、决议、条例等，具体明确、切实可行是办法写作的基本要求。

办法的条款要具体明确，不能含混笼统。特别是规范项目，应对概念、范围、措施、方法、界限、要求做出具体的规定与表述。

4.4　细　则

细则，顾名思义，就是详细的法则。它是有关机关或部门为使下级机关或人员更好地贯彻执行某一法令、条例和规定，结合实际情况，对其所做的详细的、具体的解释和补充。

细则是党政机关使用频率比较高的规范性公文。细则一般由原法令、条例、规定的制定机构或其下属职能部门制定，与原法令、条例、规定配套使用，其目的是弥补原条文中的漏洞，使原条文发挥具体入微的作用。

细则是为实施法规或管理工作所做出的具体解释和补充，对地方及基层单位工作有很强的指导性。

4.4.1　细则的格式、写法

细则一般由首部和正文两部分组成。

1. 首部

首部通常包括标题、发文机关和发布日期等内容。

细则的标题，常常由事由和文种构成，如“中华人民共和国义务教育法实施细则”“文物保护法实施细则”。

发文机关和发布日期在标题下标出，如果属于会议批准、通过或修订的，要用括号在标题下另加注说明“××××年××月××日××××会议批准（通过或修订）”。

2. 正文

细则的正文分为细则依据、细则内容、细则实施说明三部分。在写作格式上，多采用全文分条列项的写法。具体写法根据内容的复杂程度而定，内容复杂的，要分总则、分则、附则或章节来写；内容简单的，直接分条列述即可。

4.4.2　细则范文模板

中国共产党发展党员工作细则（节选）

第一章　总则

第一条　为了规范发展党员工作，保证新发展的党员质量，保持党的先进性和纯洁性，根据《中国共产党章程》和党内有关规定，制定本细则。

…………

第二章　入党积极分子的确定和培养教育

第四条　党组织应当通过宣传党的政治主张和深入细致的思想政治工作，提高党外群众对党的认识，不断扩大入党积极分子队伍。

…………

第三章　发展对象的确定和考察

第十三条　对经过一年以上培养教育和考察、基本具备党员条件的入党积极分子，在听取党小组、培养联系人、党员和群众意见的基础上，支部委员会讨论同意并报上级党委备案后，可列为发展对象。

…………

第四章　预备党员的接收

第二十条　经基层党委预审合格的发展对象，由支部委员会提交支部大会讨论。

召开讨论接收预备党员的支部大会，有表决权的到会人数必须超过应到会有表决权人数的半数。

…………

第五章　预备党员的教育、考察和转正

第二十九条　党组织应当及时将上级党委批准的预备党员编入党支部和党小组，对预备党员继续进行教育和考察。

…………

第六章　发展党员工作的领导和纪律

…………

第七章　附则

第四十三条　本细则由中央组织部负责解释。

第四十四条　本细则自发布之日起施行。《中国共产党发展党员工作细则（试行）》（中组发〔1990〕3号）同时废止。

4.4.3　细则写作的注意事项

细则通常因贯彻执行有关法规而行文，依照原条文的规范框架而定，对原文不详、执行起来可能遇到的情况加以说明，一般不能另加过多的内容，只围绕实施对象做出解释和说明。即便是工作细则，也要对照、依附有关文件精神而制定，不能另立炉灶，重构框架。

细则条文的表述要详尽、细致，要对某个法规或管理工作的适用范围、某些条文的具体含义、某些规定或管理工作的实施要求一一做出注解。凡是实施过程中可能出现的疑难、争议或特殊情形，都应加以说明，以方便实施。

细则最大的行文目的是为组织实施提供具体的条文依据，使人们有所依照而便于法令、条例规定的执行落实。因此，细则应对原条文不够明确处加以诠释；对不够具体处加以展开；对不够完善处加以补充，使条文切合实际，方便操作。

撰写细则时，除了要认真调查本地区、本单位的实际情况，摸清有关情况，科学地预见到实施过程中可能出现的各种情况，还要力戒形式主义，避免空泛的一般性说明，并且要侧重于对原条文加以诠释、说明，特别是对职责、任务、标准、要求、程序、方法等做出具体的规定，做出必不可少的补充，使之具有较强的操作性。

4.5　规　定

规定是党和国家机关及其职能部门、企事业单位、人民团体制定发布的，对特定范围内的具体工作或某方面的事务、活动提出具体执行意见和约束管理措施的规范性公文。规定是一种常见的行政法规性公文，也是企事业单位制定内部规章的所用的主要文种。

规定在法规性公文中属于限制性法规文件，即多为解决“应该如何”和“不应该如何”的界限问题而制定，主要是一些禁止性、限制性规定。

规定的适用范围比较广泛，各级各类单位都可以用。按其行文目的及规范内容分类，主要分为政策性规定、管理性规定、实施性规定和补充性规定。

4.5.1　规定的格式、写法

规定通常由标题、正文、落款三部分组成。

1．标题

规定的标题一般有三种写法：第一种由发文机关、规范内容和文种构成，如“国务院关于在线政务服务的若干规定”“公安部关于城镇暂住人口管理的暂行规定”；第二种由规范范围、规范内容和文种构成，如“××省城镇园林绿化管理规定”；第三种由规范内容和文种构成，如“关于对赞助广告加强管理的几项规定”“关于高级专家退休问题的补充规定”。

凡在标题中省略发文机关的，结尾处必须有落款。规定如果属于暂行性的，则要在标题中标明“暂行”，如“互联网站从事登载新闻业务管理暂行规定”。

2．正文

规定的正文一般由缘由、规范、说明三部分构成。首先写发文的缘由，并在后面用“特做如下规定”承上启下；其次写规范的具体事项；最后说明制定权、解释权、实施范围和实施日期。

各类规定的缘由和说明部分写法相似，但规范部分因文件类型不同，其侧重点也有所不同。

政策性规定解决的是“应当怎样”和“不应当怎样”的问题，侧重于界限划分、明确范围、提出要求和惩处情况；管理性规定侧重于规定管理原则、管理职责、质量标准、措施、办法、管理范围及要求；实施性规定侧重于对实施文件的有关事项做出规定，对原文件条款做出解释，提出具体的实施意见；补充性规定侧重于就原文件中某些提法不够明确、不够具体的方面加以明确、补充或解释，以便实施。

3. 落款

如标题中已标明发文机关的，或标题下已标明发文日期的，可省去这部分。

4.5.2 规定范文模板

××市医院安全秩序管理规定

（××××年××月××日 ××市第××届人民代表大会常务委员会第××次会议通过）

第一条 为了加强本市医院安全管理，维护医院安全秩序，惩治涉医违法犯罪行为，保护医务人员安全和社会公众利益，依据有关法律法规，结合本市实际，制定本规定。

第二条 本规定适用于本市行政区域内各级各类医院的安全秩序管理工作。

第三条 本市医院安全秩序管理工作应当遵循预防为主、综合治理、医警联动、依法处置、共同维护的原则。

…………

第十条 市、区卫生健康部门与公安机关，医院与属地公安派出所应当建立联席会议制度，会商通报信息，分析医院治安形势，开展矛盾纠纷排查调处，进行风险评估预警，协同处置涉医安全事件。

…………

第二十条 发现扬言实施暴力，多次到医院无理缠闹，或者醉酒、吸毒、精神障碍患者等高风险就诊人员，医院应当对相关医务人员进行风险提示，安排医院治安保卫人员陪诊，直至其离开医院；必要时，可以安排相关医务人员回避诊疗，并报告公安机关，由公安机关按照本规定第十二条的规定进行预防处置。

…………

第二十六条　对严重危害医院安全秩序的行为人，有关单位和部门应当按照国家有关规定，将其受到行政拘留和被司法机关追究刑事责任的情况，共享到全国信用信息共享平台，采取联合惩戒措施。

…………

第三十条　其他医疗卫生机构的安全秩序管理工作，参照本规定执行。

本规定所称就诊人员，是指进入医院的患者及其陪同人员。

第三十一条　本规定自××××年××月××日起施行。

4.5.3　规定写作的注意事项

规定不能与国家的法规、方针、政策相违背。

规定条款的内容要简洁、清晰、明确，关于要做什么、不要做什么、怎么做、做到怎样，都要表述得详细、具体。

4.6　规　则

规则是各级党政机关、人民团体和企事业单位使用的一种规范性公文。它是各种组织为保证某项活动或工作能够顺利开展，或实现某种目标，而对人们的行为方式制定的必须共同遵循的准则。制定规则的目的是规范人们的行动，使各项活动能正常有效地进行。

4.6.1　规则的格式、写法

规则一般由标题、正文、落款三部分组成。

1. 标题

标题通常由发文机关、事由和文种构成，但也有不少规则的标题中省略发文机关。

2. 正文

规则的正文首先写发文缘由；其次写具体内容，包括具体方法、措施、处罚手段等；最后说明生效日期、解释权归属等。

内容复杂的规则，多采用分章分条列述法；内容简单的规则，分条目陈述即可。

3. 落款

署名和日期一般位于文末。有的规则在标题下方正中署名和标明日期，并加上括号，国家机关发布的规则多采用这种形式。也有一些规则不用署名和标明日期。

4.6.2 规则范文模板

范文模板一：

××市人民币特种股票登记暂行规则

第一章　总则

第一条　为保障投资者合法权益，根据《××市人民币特种股票管理暂行办法》及其《实施细则》的有关规定，特制定本规则。

…………

第二章　登记形式

第三条　……

…………

第八章　附　则

…………

第二十八条　本规则用中文发布，如因译文使条文的解释发生歧义，以中文本为准。

××××证券登记有限公司

××××年××月××日

范文模板二：

阅览规则

一、凡入室阅览者，一律凭本人身份证领取座位号对号入座，离室时，须交回座位号，如有遗失赔款伍角。

二、本室期刊、报纸分为开架借阅和闭架借阅两种方式。开架期刑，读者可自由取阅，每次只准取一册，阅后必须按排架号放回原处，不得乱扔、乱放。

三、开架报纸每月换一次，凡下架散报不再借阅。

四、报纸合订本及内部资料，一律凭单位介绍信借阅，介绍信须写明查阅目的、要查找的报纸及内容。

五、本室闭架期刊和合订本期刊一律凭单位介绍信和本人工作证对口借阅。

××市图书馆

××××年××月××日

4.6.3　规则写作的注意事项

规则的制发，要以有关法令为根据，内容要具体明确、简洁易行。

规则是自上而下制定的。

规则的制定要有针对性，不同的场合、不同的活动，制定的规则内容也不同。

规则在一定的范围内具有规范性和约束力。

4.7　规　程

规程，是对某一事项或某类操作在一定范围内要求人们遵守的统一的要求和程序。

按内容划分，规程一般分为操作规程、工作规程、管理规程等。

4.7.1 规程的格式、写法

规程一般由标题、正文、落款三部分组成。

1. 标题

一般采用“××××操作规程”“××××活动规程”等形式。

2. 正文

分条列出规程的各项具体内容，一般要包括整个活动的每个环节。

3. 落款

署名和日期一般位于正文的右下方。有的也可省略署名和日期。

4.7.2 规程范文模板

电工安全操作规程

一、工作前必须穿好工作服、胶鞋、胶皮手套等，一切防护用品必须正确使用。

二、一切电器设备在未经检查、证明无电之前，应一律以为有电，做有无电试验时须用试电工具或仪器进行，不论在任何条件下，绝对禁止用手触摸导电部分或试验设备等。

三、……

…………

十二、在特殊情况下，若必须带电作业，要保证带电作业绝对安全，禁止单独一人进行，必须有一熟练技工随同监护指挥，负责安全。

4.7.3 规程写作的注意事项

规程的各项要求要以科学为依据，不能脱离实际。

规程的内容要具体、准确，有逻辑性，分清条理。

规程的语言要通俗，文字要简洁，并且要易懂、易记，便于操作。

4.8 制　度

广义的制度，是指在一定条件下形成的政治、经济、文化等方面的体系，如政治制度、经济制度、社会主义制度、资本主义制度等。狭义的制度，是指一个组织或单位制定的要求全体成员共同遵守的办事规程或行动准则，如工作制度、财务制度、作息制度、教学制度等。

制度的使用范围相当广泛，党政机关、人民团体和企事业单位等都可以有自己的制度，如办公制度、财务制度等。

制度的种类很多，各个部门、各个单位因工作性质不同，情况也会千差万别，因而制度也不一样。

4.8.1 制度的格式、写法

制度一般由标题、正文、落款三部分组成。

1. 标题

制度的标题通常由发文机关、事由和文种构成，但很多时候标题中可以省去发文机关，只写事由和文种。适用范围、发文机关、发布日期可以放在标题下。

2. 正文

这是制度的主体部分。一般要分三部分来写：第一部分为引文，简要、概括地说明制发这项制度的原因、根据、目的等情况，用“特制定本制度”一语承上启下，单位内部的制度也可以不写引文，直接写条文；第二部分分条写明各项具体条文，至于是否分章写，要根据内容多少而定；第三部分写实施范围、生效日期、修订权、解释权等内容。

第一部分、第三部分要简明扼要；第二部分要具体切实。

3. 落款

单位内部的制度行文公布不必盖章，如果是一级政府或一个系统的制度，需要广泛下发给执行者，则须加盖公章，以增强其真实性、严肃性。

4.8.2 制度范文模板

范文模板一：

档案管理制度

（××××档案室 ××××年××月××日发布）

一、归档文件、材料范围

凡是反映××××机关工作活动，具有参考价值的文件、材料均属归档范围。

（一）上级机关的文件、材料

…………

（二）本机关的文件、材料

…………

七、关于文件、资料的借阅

（一）省军级和绝密文件、资料一般不外借，只限在档案室阅读。确因工作需要非借不可的，须经主管领导批准，时限不得超过5天。

（二）一般县团级文件、资料，凡符合借阅条件的，可借出，时限不得超过7天。

（三）借阅的文件、资料都要履行借出登记手续，按时退还。

（四）如摘抄可以解决问题的，尽量减少外借，以减少文件、资料的磨损。

范文模板二：

用电管理制度

（××××厂 ××××年××月××日发布）

第一条 为了合理利用国家电力资源，充分发挥用电设备潜力，达到安全、经济、合理、节约用电的目的，特制定本制度。

第二条 加强用电管理，严格用电制度。实行内部经济合同制，每月根据生产、工作任务把用电指标下达到车间、部门，做到日清、旬洁、月考核，实行节奖超罚，充分调动各用电部门的积极性。

第三条　所有用电部门应切实做到“五有”：

1. 用电有计划

为搞好计划用电，各用电部门的生产班次、轮休日不得随意更换，特殊情况需要更换时，须经动力科批准，否则动力科有权停止供电。

…………

第七条　各部门要经常开展用电安全和合理节约用电教育，普及用电常识，使有限的电力资源在我厂发挥应有的作用。

4.8.3　制度写作的注意事项

制度的条文要明白易懂，具体准确，防止出现重复和无用的语句。

4.9　守　则

守则是党政机关、人民团体或企事业单位常用的一种管理性事务文书。它是党政机关、人民团体或企事业单位制发的、要求本单位、本部门、本系统人员共同遵守的道德规范与行为准则。守则是根据党和国家的各项方针政策、法律法规的精神，结合本单位、本部门、本系统的实际情况而制发的用以规范、约束人们的行为的一种规范性公文，因此，它除了有特定的使用范围和较强的针对性，还具有约束性和规范性，但不具备法律的制约作用。

守则在各行各业的事务管理活动中使用得很广泛。

4.9.1　守则的格式、写法

守则一般由标题、正文、落款三部分组成。

1. 标题

守则的标题通常由发文机关、事由和文种构成，有时可省去发文机关或事由，只写“××××守则”或“守则”。

2. 正文

通常先简要地说明发文的缘由，讲明制定守则的目的、意义。之后，另起一行，分条写出守则的具体内容。

3. 落款

如标题中已写明发文机关，或用题下标示标明了发布日期，则可以省略这部分内容。

4.9.2 守则范文模板

范文模板一：

××省人民代表大会常务委员会组成人员守则

（××××年××月××日××省第××届人民代表大会常务委员会第××次会议通过　××××年××月××日××省第××届人民代表大会常务委员会第××次会议修正　××××年××月××日××省第××届人民代表大会常务委员会第××次会议修订）

第一条　为加强省人民代表大会常务委员会（以下简称常务委员会）政治、思想、组织、作风和制度建设，保证常务委员会及其组成人员更好地依法履行职责，根据宪法、法律和……

第二条　……

…………

第十九条　常务委员会组成人员未请假或者请假未经批准缺席常务委员会会议，以及一年内不能保证至少参加两次常务委员会执法检查、视察、调查研究活动的，应当……

第二十条　本守则自公布之日起施行。××××年××月××日××省第××届人民代表大会常务委员会第××次会议通过的《××省人民代表大会常务委员会组成人员守则》同时废止。

范文模板二：

××××公司员工行为规范守则

一、职业道德要求

（1）敬业爱岗。勤奋敬业，积极肯干，热爱本职岗位，乐于为本职工作奉献。

（2）遵守纪律。认真遵守国家政策、法规、法令，遵守公司规章制度和劳动纪律。

（3）认真学习。努力学习科学文化知识，不断提高业务水平，努力提高服务质量。

…………

二、服务意识要求

…………

六、处理投诉

（1）员工必须高度重视用户的投诉。……

（2）细心、耐心地聆听用户的投诉，让用户畅所欲言。……

…………

（6）对用户的投诉应表示感谢。……

4.9.3　守则写作的注意事项

守则一般比较简短，写作的基本要求就是条理清楚，内容明确。

4.10　公　约

关于公约的定义，有两个解释：第一个是指两个以上的国家商量涉及它们的共同事务形成的规定，如《万国邮政公约》《国际船舶载重线公约》。第二个是指机关、团体或人民群众内部基于共同的意愿所拟定的供人们共同遵守的章程，如《拥军公约》《爱国卫生公约》。本节所涉及的公约主要指第二种，即在一定范围内使用的、带有公共性和督促性的文书。

公约是参与制定的单位和个人共同遵守的行为规范，它对维护社会秩序、促进安定团结、加强社会主义精神文明建设有着不可低估的作用。

4.10.1 公约的格式、写法

公约一般由标题、正文、落款三部分组成。

1. 标题

公约的标题通常有三种写法：第一种由适用人和文种构成，如“首都市民文明公约”“教师公约”；第二种由适用范围和文种构成，如“花园小区公约”；第三种由涉及事项和文种构成，如“护林公约”。

2. 正文

公约适用范围广泛，下面介绍几种常用公约正文的写法。

（1）行业公约。一个行业，为了加强本行业的职业道德，保护公平竞争，由行业协会出面主持制定的公约，就是行业公约。

制发行业公约时要熟悉上级关于本行业的有关政策，以此作为制定公约的依据，使制定出来的公约符合上级指示精神。

行业公约的正文可分项列出，每项用序列号标明，以便记忆和执行。

（2）部门公约。这里所说的部门不是行政管理部门，而是群众社团、民间组织，如消费者协会、爱国卫生委员会等。

（3）城市市民文明公约。城市市民文明公约是工会、共青团、妇联会等党领导下的群众组织、团体，号召城市市民共同遵守一定的道德规范和准则时所用的一种应用文体。

城市市民文明公约虽由几个团体发起，但是在形成文字之前，仍要充分发动群众认真讨论。通过各种形式，先请群众提出初步意见，然后由执笔人写成初稿。在定稿之前还要请群众代表逐条讨论，力求切实可行。

城市市民文明公约的内容要概括、明确，便于记忆，便于执行、督促和检查。文字应简洁、通俗、口语化。

城市市民文明公约一般只包括标题和正文两个部分。标题的“公约”二字之前要加上“××市民文明”几个字。正文的每个条文用一句话准确地表达出来。

（4）农村干部公约。农村干部公约是农村基层干部为加强自我约束所使用的一种简短易行的应用文体。

制发农村干部公约时，要明确党和人民政府在当前阶段及以后一个时期的中心任务，学习党和国家的有关文件，以端正指导思想。

农村干部公约的结构简单，一般由标题、正文、落款三部分组成。标题结构和写法如前。正文大多分几条，用“一”“二”“三”等标出。每条写一方面的内容，多用“要……，不……”的句式表达，有的连“要”字也省掉了，变成前半句表决心，制定措施，后半句抵制不正之风。

（5）乡规民约。乡规民约是我国农村广大干部和农民群众在建设社会主义物质文明和精神文明，抵制和批判不正之风、不良习气的过程中，总结、创造出来的一种新的应用文体。

乡规民约的标题有两种形式：第一种，用“乡规民约”四个字标出；第二种，在“乡规民约”的前面加上制发单位的名称。

正文写法有两种：第一种，在条文前加上几句表明目的的前言；第二种，不要前言，一开始就写第一条，直到写完为止。正文的内容，一般限制在十条以内，不要太多，但也不要只写一两条。条文写好后，按主次顺序排列。每条的写法最好一致，句式、字数大致相同，最好押韵，以便好听、好记。

3. 落款

署名和日期可写在正文右下方，如果标题中已有署名和日期，此处可省略。

4.10.2　公约范文模板

范文模板一：

××市民文明公约

为加强××××精神文明建设，进一步提高××市民素质，增强××××意识，在以×××为核心的党中央领导下，把××建设成为现代化国际大都市，特制定本公约。

一、热爱祖国　热爱人民　民族和睦　维护安定

二、热爱劳动　爱岗敬业　诚实守信　勤俭节约

三、遵守法纪　维护秩序　见义勇为　弘扬正气

四、美化市容　讲究卫生　绿化家园　保护环境

五、关心集体　爱护公物　热心公益　保护文物

六、崇尚科学　重教尊师　自强不息　提高素质

七、敬老爱幼　拥军爱民　尊重妇女　助残济困

八、移风易俗　健康生活　计划生育　增强体魄

九、举止文明　礼待宾客　胸襟大度　助人为乐

本公约于××××年年末经公众参与讨论修订而成，凡在××生活的每一个人应自觉遵守。

××精神文明建设委员会

××××年××月

范文模板二：

乡规民约

1．集体劳动好，勤劳致富步步高；正当副业要发展，投机倒把不准搞。

2．热爱集体好，不拿村里粮和草；落实生产责任制，损公肥私不能搞。

3．尊老爱幼好，赡养父母尽孝道；教育子女听党话，粗语脏话要去掉。

4．家庭和睦好，夫妻相敬偕到老；婆媳妯娌心连心，邻居团结赛金宝。

5．移风易俗好，勤俭持家要记牢；不搞迷信和浪费，计划生育不动摇。

6．文明新风好，待人诚恳有礼貌；不准打人和骂人，陋规恶习要除掉。

7．遵纪守法好，主持正义讲公道；检举坏人和坏事，打击报复法不饶。

8．四防安全好，综合治理很重要；场头仓库勤检查，实行制度排干扰。

××乡××村村委会

××××年××月××日

4.10.3　公约写作的注意事项

公约的内容多数是一些基本道德准则和精神文明建设的原则要求，一般不应涉及具体的行动方法和实施措施。另外，公约的篇幅要短小精悍。

公约的条文要有针对性，每项的文字力求简洁，通俗易懂。

第5章 记录类文书写作

记录类文书，是在公务活动中如实记载有关情况、活动、言论的纪实性公文。它包括大事记、会议记录、会议纪要、会议预备通知等。

5.1 大事记

大事记，是党政机关、企事业单位、人民团体按照时间顺序简要地记载自己的重要工作或自己辖区所发生的重大事件的一种应用文体。可以说，大事记是一种以档案记载为主要依据编写的史料型档案资料。

大事记按时间顺序比较完整、清晰地反映机关工作的轨迹，为领导和有关部门研究工作提供参考依据，便于其总结经验、研究问题。因此，大事记是一种具有检索功能的文字资料，能为查找有关档案资料提供线索，能给予参阅者一定的启示和引导。此外，大事记本身还是一种纪实档案，是机关工作的备忘录。因此，大事记还具有重要的史料价值，不但可以弥补档案资料的不足，还可以为地方编史、修志提供可靠的依据。

5.1.1 大事记的格式、写法

大事记根据不同的分类标准，可以分为多种类型：根据制文单位职权范围的不同，可以分为全国大事记、地区大事记、部门大事记等；根据制文单位性质的不同，可分为党政组织大事记、行政机关大事记等。但无论如何分类，大事记的写作格式大体上都是相同的。

大事记的结构单一，格式固定，一般由标题和正文两部分组成。

1. 标题

大事记的标题通常包括制文单位、时间、事由和文种等要素，主要有以下四种构成形式：第一种由制文单位、事由和文种构成，如“中国人民志愿军抗美援朝战争大事记（1954年3月）”；第二种由事由和文种构成，如“解放以后中国科技发展大事记”；第三种由制文单位和文种构成，如“××市人民政府大事记”；第四种由制文单位、时间和文种构成，如“××市人民政府××月份大事记”等。

2. 正文

大事记的正文主要解决“记什么”和“如何记”这两个问题。一般来说，其正文就是大事记条款，由大事的时间和大事的内容两部分组成。

大事记条款，严格按照大事发生的时间顺序排列，一般以年编号，年下分月，同一年内各月前的年份省略；月下分日，同一月内各日前的月份亦省略；日下记当日所发生的大事，同一日发生几件大事时可平列记载，也可编上序号。先排有确切日期的大事，后排接近准确日期的大事，日期不清者附于月末，月份不清者附于年末。

这里的事件是指机关单位的重大事件和重要活动，具体包括以下内容：

（1）本机关发生的重大事件、开展的重大活动、完成的重大任务、取得的重大科研成果；

（2）上级机关对本机关的重要指示、批示、表彰、批评及来本机关检查指导工作的情况；

（3）本机关做出的重要决定、决议、规划、部署及发布的重要文件；

（4）本机关成立、撤销、合并、复议及内部机构的设置、变化情况；

（5）本机关隶属关系和职能范围的变化情况；

（6）本机关党政领导人的任免、奖惩及其重要活动；

（7）本机关召开的各种重要会议；

（8）本机关参加上级机关和其他机关召开的重要会议的情况；

（9）本机关所辖范围内发生的重大灾情和事故；

（10）本机关开展的重要外事活动；

（11）报刊、电台、电视台关于本机关情况的重要报道；

（12）其他重大事件和重要情况。

5.1.2　大事记范文模板

××××大事记（××××年××月）

1 日　××××参加××××会议，同意……

2 日　××××原则批准××××提出的……

△……

3 日……

…………

7 日……

…………

10 日……

…………

29 日……

5.1.3　大事记写作的注意事项

在编写大事记时，应注意以下事项：

大事记所记述的内容要真实，符合客观实际；观点正确，不得随意添加编写者的主观见解，更不准歪曲事实。

大事记的语言要高度概括，简明扼要，不要求完整地记述某一件大事，而是重点记述事件发生的时间及其主要内容。至于事件发生或会议举行的具体地点，大多可以不写。对所记载的内容一定要做到“大事突出、要事不漏、小事不要”。

大事记要严格按照事件发生时间的先后顺序进行客观的记述，时间要准确。如有的事件没有时间或时间不够准确，应尽力进行考证。

大事记要求一事一记。同一天发生的其他大事，用“△”标记，分开记录。

大事记编写要及时。

大事记格式要统一，层次要清晰。

大事记的编写是一项繁杂、细致的工作，应建立大事记记录制度。一般由机关办公厅（室）或秘书部门指定专人负责记录，其他各个部门协助提供相关情况。大事记与其他文书的不同之处在于，它不是一次起草完成的，而是随着事件的不断发展逐项记录而成的。同时，编写者应定期印发给机关领导和有关部门征求意见，修改并补充完善，年终立卷归档。

5.2 会议记录

会议记录，是一种配合会议的召开而使用的文书，是通过记录会议的组织情况、议程、内容等基本情况而形成的书面材料。会议记录是反映会务活动的重要材料，是传达、贯彻、执行会议精神的依据。会议所形成的会议纪要等文件，一般都要以会议记录为蓝本。从记录的过程看，大多数会议记录是由记录员随开会过程做同步记录的。

作为一种事务文书，会议记录具有一定的规范性：使用单位统一的专用记录笺，按统一的格式记录，使用规范的记录符号。

5.2.1 会议记录的格式、写法

会议记录一般由标题、正文、落款三部分组成。

1. 标题

会议记录的标题通常由开会单位、会议名称（或会议内容）和文种构成，如“××××干部培训中心第××次办公室会议记录”。

2. 正文

会议记录通常采用专用记录笺记录，正文分为会议组织情况和会议进行情况两部分。

第一部分是会议组织情况，一般包括以下内容：

（1）会议时间。要写清楚会议召开的年份、日期，必要时可以精确到分钟。

（2）会议地点。要写清楚会议室名称。

（3）会议出席人姓名。出席人数多的会议可只写人数。

（4）会议缺席人姓名和缺席原因。

（5）会议列席人及其职位。

（6）会议主持人姓名。

（7）会议记录人姓名。最后应签名，以示负责。

（8）议题。议题是会议讨论或解决的问题，在议题不止一项时，应分条列项写。

第二部分是会议进行情况。这部分是会议记录的主体，包括主持人的开场白、会议主题报告、讨论发言、决议四项内容。先写报告人和发言人的姓名，然后再记录发言内容。

会议记录结束时，若无特殊规定，习惯的写法是另起一行写“散会”“完”“结束”字样，以示会议结束。

3. 落款

会议记录需由发言人和主持人审阅、签名。有些会议记录则在会后整理之后，再送发言人和主持人审阅、签名。

5.2.2　会议记录范文模板

××××会议记录

会议名称：中共××市委常委会议

时间：××××年××月××日

地点：市委主楼××会议室

出席：×××、×××、×××……

缺席：×××（因病请假）、×××（去外地出差）

列席：×××（主管教育工作的副市长）、×××（市教育局党工委书记）、×××（市教委副主任）、×××（市财政局局长）

主持人：×××

记录人：×××

议题：传达省教育工作会议精神，研究我市如何加强、改进教育工作。

发言内容、决定事项：……

5.2.3　会议记录写作的注意事项

会议记录要坚持“怎么讲就怎么记”的原则，对于会议组织情况和会议进行情况都必须实事求是地记录。不允许在记录中加入记录人个人的观点或倾向，更不能随意删改发言人的言论。为保证会议记录的实录性，力求把话听准确、记完整，听不准或有疑问处应及时核准。

会议记录要求字迹工整，使他人能够辨认。应尽量使用缩略符号或规范的速记方法记录。

5.3 会议纪要

会议纪要是在会议记录的基础上，对会议的主要内容及议定的事项，经过摘要整理的需要贯彻执行或公布于报刊的具有纪实性和指导性的文件。会议纪要是各级党政机关、人民团体和企事业单位召开比较重要会议时使用的一种事务文书。

会议纪要是根据会议的宗旨和要求写成的，要准确地反映会议的主要内容、指导思想、主要结论等。会议纪要可以作为向上级机关汇报之用，也可以作为文件向有关单位和下级机关分发。对于本单位和下级机关来说，会议纪要可以作为解决问题、指导工作的依据，并有一定的约束力。

在机关工作中，工作性会议、专题研究会、座谈会和日常工作会议都应有各自的会议纪要。

5.3.1 会议纪要的格式、写法

会议纪要一般由标题、正文、落款三部分组成。

1. 标题

会议纪要的标题通常有两种构成形式：第一种由会议名称和文种构成，如“全国农村工作会议纪要”；第二种由发文机关、会议名称和文种构成，如“省经贸委关于企业扭亏为盈会议纪要”。

2. 正文

会议纪要的正文一般由开头、主体、结尾三部分组成。

（1）开头。开头概括交代会议的名称、时间、地点、主持人、参加人员、主要议程、会议形式、会议议题及会议的主要成果，然后用“现将本次会议研究的几个问题纪要如下”或“现将会议主要精神纪要如下”等语句转入下文。开头部分主要用于简述会议的基本情况，所以语言必须十分简练。

（2）主体。主体是会议纪要的核心内容，包括会议所讨论、研究的问题，对过去工作的评价及会上所做的决定。主要记载会议的具体情况和会议结果，写作时要紧紧围绕中心议题，把会议的基本精神及会议形成的决定、决议准确地表达清楚。对于有争议的问题和不同意见，必须如实反映。在主体部分，通常使用“会议指出”“会议认为”“会议经过充分商议，做出如下决定”等惯用语。

根据会议性质、规模、议题的不同，主体部分在写法上各有不同，这里主要介绍三种写法：

一是综合概述法，即用综合概述的方法将会议讨论、研究的问题等进行整体的阐述和说明。这种方法适用于会议所讨论、研究的问题比较集中，看法比较统一，参加人数不多的中小型会议。主体内容则侧重于突出会议的指导思想，全面介绍会议的基本情况。

二是分项叙述法，即把会议所讨论、研究的问题进行分类，将同一性质的问题归纳在一起，然后列出条目一一进行阐述。这种写法适用于大型会议，这类会议的参加人数较多，所讨论、研究的问题也比较复杂，运用这种方法易于写出比较全面的会议纪要。

三是发言记录法，即按顺序把每个人发言的主要内容记录下来，这种写法与会议记录的写法很相似。它的优点是能及时、真实地反映发言人的意见及会议进程，缺点是系统性不强。某些根据上级机关布置，需要了解与会人员不同意见的会议纪要，可采用这种写法。

（3）结尾。结尾通常是提出希望、号召，要求有关单位认真贯彻会议精神。另外，也可以在写完主体部分后就结束全文。

结尾部分一般有三种写法：

一是概述法，就是把会上的发言内容、讨论情况总结到一起，概述出来。这种写法适用于小型会议。

二是发言记录式写法，按照会上的发言顺序，摘录每段发言的主要内容。这种写法主要用于座谈会纪要。

三是归纳法，就是把会议中研究、讨论的内容归纳为几个问题来写。这种写法适用于规模较大、内容复杂的会议。

写作时，可根据表达内容的需要，采用分条列项或拟小标题的方式来写。总之，无论是哪种写法，都要围绕会议中心和目的进行归纳总结，突出重点。

3. 落款

落款包括署名和日期。署名只用于办公室会议纪要，写上召开会议的领导机关的名称和成文时间，加盖公章。一般的会议纪要不用署名，只写成文时间，加盖公章。

5.3.2 会议纪要范文模板

抓住机遇　扩大开放

××××研讨会纪要

××××年××月

××××研讨会，于××××年××月××日—××日在××××举行。这次会议是在××××的战略决策之后，由××××、××××、××××联合召开的，××××参加了会议。与会代表围绕着如何搞好××××的问题，进行了热烈发言和深入讨论。

与会代表一致认为，搞好××××意义重大。过去××年，我们的开放政策主要是××××，这是完全必要的，它为……

扩大××××的对外开放，对××××来说机遇和挑战并存。为此，代表们指出，搞好××××的对外开放，要……

扩大开放，必须深化改革。代表们提出，与沿海地区相比，××××城市在对外开放方面已滞后了一步，旧的体制严重阻碍着对外开放的步伐。因此，应通过深化改革……

开放是促进和带动一切的重要途径和手段，代表们认为，应围绕开发……

搞好××××的对外开放，必须走联合协作的路子。代表们认为，××××自然地理条件的多样性和社会经济发展的综合优势……

投资环境建设是对外开放的重要内容，代表们认为应把它放在对外开放的重要地位，作为一项持久的基础性工作……

5.3.3　会议纪要写作的注意事项

会议纪要应从会议的客观实际出发，从会议的具体内容出发，抓中心，抓要点。抓中心就是抓住会议的中心思想、中心问题、中心工作；抓要点就是抓住会议的主要内容。

会议纪要是以整个会议的名义表述的，因此，必须概括会议的共同决定，反映会议的全貌。凡是没有达成一致意见的问题，都需要分别论述并写明分歧之所在。

为了叙述方便，眉目清楚，会议纪要常用“会议认为”“会议指出”“会议强调”“与会人员一致表示”等作为段落的开头语。也有用在段中的，起强调作用。

5.4　会议预备通知

党政机关在召开某些重大会议时，需要在正式会议召开之前让参加会议的单位或个人做一些准备工作，而当这些准备工作的工作量较大，需要较长时间才能完成时，常常使用会议预备通知这一文体。

会议预备通知是通知中较为特殊的一种类型，属于预备通知，与预备会议通知不同，后者属于一般性通知。

5.4.1　会议预备通知的格式、写法

会议预备通知一般由标题、正文、落款三部分组成。

1. 标题

会议预备通知的标题由发文机关、事由和文种构成，一般不宜省略，特别是“预备”二字要标明，以便与其他类型的通知相区别。

2. 正文

会议预备通知的正文，首先写受文单位，顶格列出；其次写发文目的；最后写通知事项，通知的具体事项可分条陈述。

3. 落款

正文之后，右下方署发文机关的全称，发文机关下署发文日期。

5.4.2 会议预备通知范文模板

中共××市委办公室 ××市人民政府办公室
关于召开乡镇企业工作会议的预备通知

各县区委、人民政府，市直各单位，军分区：

为使我市乡镇企业……，市委、市政府拟在××月底召开全市乡镇企业工作会议。现将有关事项通知如下：

一、会议目的

这次会议重点研究讨论……

二、会议重点

（1）如何按照国家的产业政策和市场需求合理调整……

（2）怎样解决好……

（3）如何解决好目前乡镇企业面临的……

（4）如何进一步深化企业改革……

（5）如何正确处理农业和乡镇企业的关系……

三、参加人员

各县区（场）党委书记或县区（场）长、乡镇企业局局长，每一个县区一名乡（镇）书记或乡（镇）长、一名企业厂长（经理），市直有关部门负责人。

望各地按照上述通知要求，组织力量，认真搞好调查研究，做好会前准备。会议的具体时间、地点另行通知。

中共××市委办公室
××市人民政府办公室
××××年××月××日

5.4.3 会议预备通知写作的注意事项

会议预备通知的内容是会前受文单位需要准备的事项，会议的程序和内容不应列入其中，未列入的内容应在正文结束处用“另行通知”字样交代清楚。如有附件，也应在正文中有所交代，附在通知后面。

第6章 讲话类文书写作

讲话类文书，是指各级领导、各类代表在各种会议或活动上宣讲的文稿，是宣传政策、表明立场、总结工作的重要手段。讲话类文书包括开幕词、闭幕词、发言稿、讲话稿、主持词、就职演讲稿、竞聘演讲稿等。

6.1 开幕词

开幕词是党政机关、人民团体、企事业单位的领导人在大型会议或活动开始时向参会人员所做的致辞。按照惯例，不论召开什么重要会议或开展什么重要活动，一般都要由主持人或主要领导人致开幕词，这是一个必不可少的程序，标志着会议或活动正式开始。

开幕词通常要说明举办这次会议或活动的背景和意义、组织工作、参加人员、目的、中心任务等，集中体现了会议或活动的指导思想，起着定调的作用，对引导会议或活动朝着既定的方向顺利进行，保证会议或活动的圆满成功，有着重要的指导作用。

开幕词按内容可以分为侧重性开幕词和一般性开幕词两种。侧重性开幕词往往对会议或活动的历史背景、重大意义等做重点阐述，其他问题一带而过；一般性开幕词则只对会议或活动的目的、基本精神、参与人员等做简要阐述。

6.1.1 开幕词的格式、写法

开幕词的写作一般以会议或活动的方案为蓝本，事先要经主席团、委员会等领导机构批准。

开幕词一般由首部和正文两部分组成。

1. 首部

开幕词的首部一般包括标题和称谓。标题有三种构成形式：第一种由事由和文种构成，如“中国共产党第××次全国人民代表大会开幕词”；标题下面注明开会时间，并加上括号；再在其下正中注明致开幕词者的姓名。第二种把致开幕词的领导人姓名写进标题中，标题下面注明开会时间，如“×××同志在××××会上的开幕词”。第三种由主副标题构成——主标题概括会议的宗旨，副标题注明会议名称和“开幕词”字样；也有的先用概括性或号召性的语句做主标题，再用会议名称和文种做副标题，如“开辟合作新起点　谋求发展新动力——在“一带一路”国际合作高峰论坛圆桌峰会上的开幕词”。

开幕词的称谓，顶格写。对于称谓，一般根据会议或活动的性质及与会者的身份而定，如“同志们”“各位代表、各位来宾”“运动员同志们”等。

2. 正文

开幕词的正文，包括开头、主体和结尾三个部分。

开头部分一般开门见山地宣布会议或活动开幕。需要说明的是，开头部分即使只有一句话，也要单独列为一个自然段，将其与主体部分分开。

主体部分是开幕词的核心部分。首先，对会议的规模及与会者的身份等做简要介绍，如“参加这次大会的代表有××人，分别来自……”，并对会议的召开表示祝贺；其次，说明与会议有关的形势、会议的目的或任务；最后，阐明会议的指导思想、主要任务（议题和议程）、会议的意义并对会议做出预示性的评价等。

结尾部分要提出希望、发出号召，有的还会写上“祝会议圆满成功”一类的话作为结语。

6.1.2　开幕词范文模板

范文模板一：

××市科学技术协会第××次代表大会开幕词

×××

（××××年××月××日）

各位代表，各位来宾，同志们：

在全市上下深入学习贯彻××××精神，为构建××××、实现××××的关键时期，××市科学技术协会第××次代表大会隆重开幕了！这次代表大会，是××××科技界的一次盛会，是全市广大科技工作者政治生活中的一件大事。

出席本次大会的正式代表×××名，特邀代表×××名。在这些代表中，既有在全市各条战线上长期为我市科技事业顽强拼搏、无私奉献的专家、学者，又有奋战在工农业生产和科技开发第一线的科技人员；既有热心科协事业，努力为科技工作者服务的各级科协、学会、协会的专兼职工作者，又有关心、支持全市科协事业发展的各级党政领导和社会各界人士。群英荟萃，少长咸集，共商我市科技事业、科协事业改革发展大计。

××年来，市科协在市委、市政府的正确领导和亲切关怀下，在上级科协的悉心指导和大力支持下，××市各级科协组织及学会、协会围绕中心，服务大局，为我市经济社会又好又快发展做出了重要贡献，科协工作取得了明显成效，科协事业获得了长足发展。今天，州、市领导出席了大会的开幕式，这充分体现了市委、市政府和上级科协对我市科协工作的高度重视和关心支持，是对全市广大科技工作者和科协工作者的亲切关怀和巨大鼓舞。

科协工作历来得到各级党委和政府的关怀重视，得到各有关部门、兄弟团体的大力支持，有效地推进了科协各项工作的全面开展。在此，我谨代表××市科协第四届委员会，向关心支持科协工作的各位领导、全体代表表示热烈欢迎和衷心的感谢并致以崇高的敬意！

各位代表、各位来宾，××××年是我国经济社会发展的重要战略机遇期。为了抢抓机遇，加快发展，市委、市政府提出了“全面贯彻××××精神，围绕实现跨越和构建和谐两大主题，以科学发展观为统揽，以富民强市为目标，以‘三化一业’为重点，以结构调整为主线，以项目建设为载体，以改革创新为动力，以开放招商为手段，着力转变经济发展方式，全面加强经济、政治、文化、社会建设，努力开创兴义又好又快发展新局面”的工作目标和要求。这为全市广大科技工作者提出了明确任务，指明了前进方向。广大科技工作者任重道远，使命光荣。

这次大会的中心任务是：团结和动员全市广大科技工作者，高举××××和××××重要思想伟大旗帜，牢固树立和全面落实科学发展观，认真总结市科协第××次代表大会以来的工作，研究确定今后××年的目标任务，在新一届市科协委员会的带领下，为提高全市各族人民科学素质，建设创新型××××，实现我市经济社会发展历史性跨越而努力奋斗。

这次大会的主要议程是：听取和审议××市科协第××届委员会工作报告；选举××市科协第××届委员会。

希望大家共同努力，认真履行代表的权利和义务，把这次会议开成振奋精神、团结协作、民主和谐的大会，为推动××××经济建设、政治建设、文化建设和社会建设做出新的贡献。

最后，预祝大会圆满成功。

范文模板二：

在第××届农业嘉年华博览会开幕式上的讲话

×××

（××××年××月××日）

女士们、先生们：

早上好！

由××××主办的第三届农业嘉年华博览会今天在这里正式开幕了。我谨代表 ××××、××××对前来参加会议的××××、××××、××××、××××表示热烈祝贺！向前来参展的××××、××××、××××、××××，以及 ××××厂商表示热烈的欢迎！

本届农业嘉年华博览会将集中展示××××，为××××提供一次技术考察机会，为××××切磋技艺创造条件，同时也为广大群众提供一个娱乐、游玩、学习、观赏的好机会。

朋友们、同志们，××××是××××的北大门，素有“××××”的美称。区内地理形势优越，名胜古迹众多，人文景观齐全；人才辈出，争上游、创一流的××××精神深入人心。由于××××气候适宜，降水量充足，高温期与多雨期一致，特别是北部和西部山区，山前热量堆积，形成山前暖带，这为我区农业生产提供了有利条件，为其他产业的迅速崛起提供了雄厚的基础保障。××××历史上是一个农业区，为我国农业发展贡献了自己的力量。此次博览会就是一次全方位展示××××农业生产盛况的大会，我们将更加详细地对××××农业、园林、果园等的发展进行一次全方位的展示，真诚欢迎各界有识之士提出宝贵意见。

最后，预祝第三届农业嘉年华博览会圆满成功！

范文模板三：

××省第××届大学生运动会开幕词

尊敬的各位领导、各位来宾、朋友们、同学们：

大家上午好。今天，××省第××届大学生运动会在我校隆重开幕。在此，我谨代表××××对运动会的举办表示热烈的祝贺，向出席开幕式的各位领导、各位来宾和来自兄弟院校的运动员、裁判员、教练员表示热烈的欢迎，并向为此次运动会顺利举办付出心血和汗水的××××等有关部门负责同志、参赛单位，以及全体工作人员表示衷心的感谢……

××××年，通过举办××××，××××向世界展示了××××，向世界传播和弘扬了××××，也进一步促进了……

所以说，体育正在现代社会中扮演着越来越重要的角色。近年来，在教育部、××省委、省政府和省教育厅的领导和支持下，××××稳步推进各项改革，实施战略转型，学校的整体办学实力有了显著提升。

××××大学一贯高度重视体育工作……

本届大学生运动会，将有来自全省××所高校××支代表队的××××名运动健儿和教练员参加……

我们相信，在××××的精心组织下，通过……一定会全面展现当代大学生的青春和激情，展示蓬勃向上的时代风采！最后，预祝××省第××届大学生运动会圆满成功！

6.1.3 开幕词写作的注意事项

开幕词的写作，要求结构紧凑，详略得当，篇幅不要太长，语言朴实、简练。

开幕词对会议的宗旨、意义、议程只能做画龙点睛的提示，切忌长篇大论。

开幕词除庄重严肃外，还要生动，且富有感情色彩，以营造庄重热烈的会议气氛。

6.2 闭幕词

闭幕词是在会议或活动的闭幕式上使用的一种应用文体，是一些大型会议或活动结束时由有关领导人或德高望重的人向参会者所做的结束致辞。

闭幕词是会议或活动的尾声，要对会议或活动的内容、精神和进程进行简要的总结并做出恰当的评价，肯定会议或活动的重要成果，强调会议或活动的主要意义和深远影响，激励有关人员宣传会议或活动的精神实质和贯彻落实有关决议或倡议。

6.2.1 闭幕词的格式、写法

闭幕词通常由标题和正文两部分组成。

1. 标题

标题一般有两种写法：一种由会议或活动名称和文种构成；另一种是先用概括性的语句做主标题，再用会议或活动名称加文种做副标题。

另外，标题下，要标明致闭幕词的人的姓名、日期。

2. 正文

闭幕词的正文包括称谓、开头、主体、结尾四个部分。称谓部分要顶格写；开头部分要说明会议或活动是否完成了任务；主体部分要评述会议或活动的进程，总结会议或活动的重要意义；结尾部分要提出号召与希望，也可以对会议或活动有关的事项略加说明，最后宣布会议或活动结束。

闭幕词出现在会议或活动结束时，因此，要写得与开幕词前后呼应、首尾衔接。

6.2.2　闭幕词范文模板

×××× 学术报告会闭幕词

（×××× 年 ×× 月 ×× 日）

同志们：

在本次学术报告会议上，××× 教授给我们就 ×××× 做了精彩的演讲，演讲主要从 ××××、××××、×××× 等几个方面进行了阐述，内容丰富、风趣幽默，为我们……

本次大会，首先，体现出……

其次，彰显出……

再次，为 ×××× 提供了具有 ×××× 的学习案例……

同志们，我们即将进入一个 ×××× 的历史发展时期，回顾过去，令人鼓舞；展望未来，令人振奋！我们的使命艰巨而光荣，我们的前途任重而道远。这次报告会，为我们开展下一步工作奠定了基础，指明了方向。

最后，让我们再次用热烈的掌声，对 ××× 教授的精彩演讲表示衷心的感谢！现在，我宣布 ×××× 学术报告会圆满结束！

6.2.3　闭幕词写作的注意事项

闭幕词要着重对会议或活动的主要成果做出准确的评价和总结。致辞的重点要放在总结会议或活动的成绩和经验上，同时要强调会议或活动精神对今后工作的指导作用。

闭幕词的篇幅要简短，语言要流畅，富于感染力，要能鼓舞人心。

6.3 发言稿

发言稿是各级党政机关、人民团体、企事业单位中广泛使用的一种应用文体，通俗地讲，就是会议上发言的稿子。它是发言人代表本单位、组织或本人发表的与会议有关的意见、看法或经验。

发言稿与讲话稿是同样性质的公文，但也有些区别：习惯上称本机关或上级机关领导人会上发表的言辞为“讲话”，而一般与会人员发表的书面或口头的言辞为“发言”。

发言稿可以是谈心得体会、介绍经验教训，也可以是汇报情况、发表意见等。

6.3.1 发言稿的格式、写法

发言稿一般由标题、正文、落款三部分组成。

1. 标题

发言稿的标题通常由发言人、会议名称、发言内容和文种构成，有的也可只标明发言人、会议名称和文种，不在标题中写出发言内容，还有的用括号注明发言时间。

2. 正文

发言稿的正文可分为三个部分：

第一部分相当于“前言”或“序”，俗称“开场白”。一般介绍发言的缘由，引入正题，也有的开头会有“各位领导、各位代表”之类的称谓，或者在“序”中以东道主的身份对来宾表示欢迎，这要看具体情况而定。

第二部分是发言稿的主体部分，主要写发言的具体内容。

第三部分是结尾，可以适当概括一下自己的主要观点，或者提出一些要求，有的也可以省略这一部分。

3. 落款

很多时候这部分内容会标注在标题之下、正文之前。

6.3.2　发言稿范文模板

×××同志关于××市党政机关开展民主评议党员情况活动的发言

（×××　××××年××月××日）

省委在××召开这次会议，交流贯彻××××文件精神、开展民主评议党员活动的情况，探讨如何进一步搞好这项工作，这无疑将对我市的党建工作起到直接的促进作用。借此机会，我代表市委、市政府对××××表示欢迎和感谢！

下面，我就我市的××××情况做简要汇报。

我市这次民主评议党员活动，是在去年试点的基础上，按照××××文件精神和省委要求，从今年2月中旬开始的，前后用了两个多月的时间……整个民主评议是分学习提高、自讲互评、表扬处理、总结建制四个阶段进行的。考虑到一次民主评议党员活动的时间是有限的，不能期望解决所有的问题，只能突出重点，根据事先我们对机关党员队伍状况进行的调查分析，决定把贯彻执行党的基本路线、为政清廉和发挥党员先锋模范作用的情况确定为评议重点。在学习文件、提高认识的基础上，着重引导党员围绕要解决的重点问题，开展了……

通过民主评议，取得了一定的成果，主要表现在……

…………

下面我汇报一下这次民主评议党员活动的基本思想和主要做法：

1. 集中力量……

2. 把查处案件、思想教育、廉政制度建设和处置不合格党员……

3. 强调行政首长亲自动手，并采取……

4. 从严要求，立足教育，搞好……

5. 从严把关，做好组织处置工作……

…………

从这次民主评议党员活动的实践中，我们体会到：××××是完全正确的，是符合实际情况的。认真组织实施而不是敷衍应付，是新时期加强党的建设的有效措施。目前我们党内确实存在腐败涣散的消极因素，这是客观事实，必须高度重视这个问题，但同时也必须看到坚持党的政治路线，维护党章，坚持党的宗旨的积极因素毕竟是占主导地位的。只要我们按照中央部署积极工作，依靠党内占主导地位的积极力量，千方百计去克服消极因素，是完全可以做得好的。

以上汇报，希望得到与会同志的批评指导。我们将认真学习××××的先进经验，在实践中进一步研究和探索，力求把这项工作做得更好。

6.3.3 发言稿写作的注意事项

发言稿的内容很丰富，很难有统一的要求。一般来讲，优秀的发言稿要做到有的放矢、中心突出、层次分明、语言通俗易懂、少陈词滥调。

6.4 讲话稿

讲话稿，即各级党政机关和其他组织的领导人在某些会议上发言的文字稿。一般地讲，人们习惯把上级领导人在下级会议上发表的讲话或主要领导在所属单位专门活动与会议上的发言称为“讲话”，普通与会者的讲话称为“发言”。

6.4.1 讲话稿的格式、写法

讲话稿原则上应由讲话的领导人自己拟写，但有些重要讲话，虽以某领导人的名义发表，但实际上代表了组织和机关，常由专门人员和有关部门协助起草。

讲话稿一般由标题和正文两部分组成。

1. 标题

讲话稿的标题有两种构成形式：一种由单位名称或讲话人、事由和文种构成，如“×××省长在全省教育工作会议上的讲话”；另一种由主标题和副标题构成。主标题一般用来概括讲话的主旨或主要内容，副标题则与第一种标题的构成形式相同，如“进一步学习和发扬×××精神——在×××诞生××周年纪念大会上的讲话”。

标题之下另起一行标注讲话的时间，并加上括号。之后，另起一行居中标注讲话人的姓名。

2. 正文

正文一般由称谓、开头、主体、结尾四部分组成。

（1）称谓。称谓部分要单列一行，顶格书写。根据与会人员的情况和会议性质来确定适当的称谓，如“同志们”“各位专家学者”“女士们、先生们”等。在讲话稿中称谓还可以多次出现，以引起听众的注意，或提示讲话内容的层次。

（2）开头。开头部分一般要用精练、生动的语言引起听众的注意，或说明讲话的缘由，提示讲话的重点；或交代讲话的背景，概述讲话的内容；或提出问题，引起注意，接着转入正文。

（3）主体。主体部分主要分析和解决问题，具体写什么，要根据会议的内容和讲话的目的决定。下面列出了三类讲话稿主体部分的写法：

第一种，工作讲话稿的主体部分一般用并列式结构，可以分几个部分介绍工作情况或提出搞好工作的几点意见，用小标题或序列号衔接各个部分。

第二种，传达会议或讲话精神的讲话稿，其主体部分可采用摘录的方式，突出要点；也可采用夹叙夹议的方式，一面传达会议或讲话内容，一面发表传达者的认识和感受，将感性和理性结合起来。

第三种，动员会讲话稿的主体部分，一般先阐述开展此项活动的意义，再对具体方法和要求进行说明。

（4）结尾。结尾部分一般是对全文的总结和概括，语言要简短有力，耐人寻味。一般有以下五种写法：第一种是概括式，即对前面所讲的内容进行简要的回顾和总结；第二种是希望式，即在总结全篇的同时，提出希望和要求；第三种是展望式，即展望前景，发出号召，振奋人心；第四种是征询式，即针对讲话内容征求意见、建议等；第五种是宣布式，即宣布会议或活动闭幕。

6.4.2　讲话稿范文模板

×××同志在全市××××工作会议上的讲话

（××××年××月××日）

同志们：

省委、省政府决定逐级实行××××责任制，是为了坚决做到两种“生产”一起抓。为此把人均国民生产总值及其增长速度，作为衡量各级政府的工作、考核政绩的主要内容之一，这意味着……

刚才，市政府与各县区政府、农场和市直五个大厂矿企业，举行了任期内××××责任书的签字仪式。这是一件很严肃的事情，它有两种含义，一是说明问题严重，二是说明责任重大……

这次给各县区下达的各项××××指标，是根据省下达我市的总指标，结合各地的情况，经过反复测算，上下反复协商确定的……

××××面临着最严峻的形势，××××又是一项最难做、最艰巨的工作。如何把这项工作抓好，×××同志已经……

…………

同志们，××××是一项光荣而艰巨的任务，功在当代，利在千秋。这次签订××××责任书是……

6.4.3 讲话稿写作的注意事项

讲话稿的内容是由会议主题和讲话者的身份来决定的。因此，在撰写讲话稿之前，必须了解会议的主题、性质、议题，讲话的场合、背景，领导者的指示、要求，听众的身份、背景情况、心理需求和接受习惯等。

讲话稿要精心选材，有的放矢。即讲话稿的材料必须充分表现主题，有力地支持主题，要做到材料和主题的统一；选用贴近听众生活的材料，从而引发联想，激发共鸣；还要选择新颖、典型的材料，以便更有效地打动听众，更深刻有力地表现主题。

讲话稿要做到主旨鲜明、重点突出。关于讨论什么问题，表明什么观点，拥护什么方针，传达什么政策，批评什么错误，提出什么要求等，都要表述清楚。

讲话稿的篇幅有特定的要求，应该根据不同的场合来决定讲话稿的长短。一般来说，会议讲话稿可适当长一些，而表彰、庆典等场合的讲话稿则宜简短，不可长篇大论，喧宾夺主。

讲话稿的语言要通俗易懂，形象生动，有启发性和吸引力，易于现场听众理解和接受。同时，讲话稿也要讲究语言的规范，既要通俗简洁，又要得体。

讲话是一种面对面的交流方式，讲话稿一般都需要具有一定的号召力和感染力。为此，撰写讲话稿时必须心中有听众，要能预测听众可能出现的反应，力求调动听众的情绪，与听众形成共鸣。

6.5　主持词

主持词是由主持人在会议进行过程中或节目进行过程中，为了使会议或节目等的各部分内容有效衔接而拟制的提示性、表达性、介绍性等的词语或句子。

主持词的适用范围非常广泛，除了在会议中使用，还在电视节目、各种文娱活动、庆祝活动、各种集会等活动中大量使用。在这些场合中，主持人往往是整个活动的焦点和重要人物，因此，主持人的主持词显得格外重要。主持词在确保主持人顺利主持、使各个活动程序顺利进行方面具有非常重要的积极作用。

主持词具有以下三个特点：

一是短小性。要始终牢记，在会议中，会议的重点内容是领导讲话或者要研究的事项等，而不是主持词，主持词的作用只是使会议的各部分衔接得更加有序、顺畅；在活动中，虽然主持词具有非常重要的作用，主持词的好坏关系到一场活动的效果，但是这些活动的重点内容依然不是主持词，而是活动中的各项具体内容，主持词只是使这些活动内容平稳衔接的有效工具。

二是附属性。无论在什么会议中，也无论在什么活动中，主持词永远都是为了使各相关内容衔接顺畅而使用的，是所有会议或者活动的附属品，因此，无论是在用词上，还是在表达上，都要注意分寸，不能喧宾夺主，也不能啰嗦。

三是引领性。它是指主持词在用词上一定要精雕细琢、精练简洁，对整个会议或者活动起到很好的衬托作用，使其顺利进行。

6.5.1　主持词的格式、写法

主持词一般由标题、称谓、正文三部分组成。

1. 标题

主持词的标题很多时候只写“主持词”三个字即可，但是有的场合，如一些比较正式的会议，或者需要明确使用场合的情况，主持词的标题就会比较正式，如“××××会议主持词”“×××同志在××××会议上的主持词”等。如果是活动类的主持词，一般写“××××主持词”几个字。

2. 称谓

主持词的称谓类似于党政机关公文的主送机关或主送单位，要在标题下方、正文上方，顶格写明，内容以参与会议或者活动的人员的身份来确定，一般要用尊敬的语气，比如，“尊敬的各位领导”“各位来宾”“女士们、先生们”等。

3. 正文

正文是主持词的核心内容，主要包括引言、承上启下的介绍、结尾三部分。引言部分，即简明扼要地介绍会议或者活动的基本情况。承上启下的介绍部分，即会议或者活动每一项内容开始之前，主持人要对即将进行的项目进行一个简单介绍，以便与会者了解接下来的内容，在每一项议程或者活动结束后要进行简单的总结，然后再介绍下一项内容。结尾部分，即简要地总结会议或者活动的内容，并提出相关的号召等。

6.5.2 主持词范文模板

范文模板一：

×××同志在××××会议上的主持词

（××××年××月××日下午）

尊敬的各位领导、同志们：

××××党委第××次全体会议的各项准备工作已基本就绪。根据会议日程安排，现在召开预备会议。首先，讲一讲会议有关事项和要求：

这次会议的指导思想和主要任务是，以××××精神为指导，全面贯彻落实××××，认真传达××××会议和××××会议精神，总结分析××××年××××建设形势，研究部署××××年度工作，动员各级党组织和广大人员认清形势，牢记使命，以饱满的热情和昂扬的精神状态投入

××××建设实践。开好这次会议，对于进一步统一思想，振奋精神，明确任务，狠抓落实，在新的起点上推进××××建设又好又快发展，高标准实现 ××××，具有十分重要的意义。

这次会议共安排两天半时间，从××日下午开始，到××日下午结束。大体安排是：

××日下午，召开预备会，传达有关会议文件，而后分组讨论，晚间×××、×××进行集体办公。

××日上午，进行××××，×××同志代表××××做报告。

××日下午，表彰××××年度先进单位和先进个人，各部门对口部署××××年度工作，×××同志讲话。

这次党委全会虽然时间不长，但内容很重要，要求也很高。为确保会议达到预期目的，着重强调以下几点：

一是要准确把握会议的指导思想……

二是要切实明确年度工作任务……

三是要深入思考……

范文模板二：

××××学术交流会主持词

尊敬的各位专家、各位学者、各位代表、朋友们：

上午好！欢迎大家莅临××××学术交流会。

首先，我简要宣布一下会场纪律：会议期间，为了维持会场秩序，确保会议的正常进行，全体与会人员请遵守以下会议纪律：

1. 与会人员请在指定区域就座。

2. 请关闭手机或将手机调成静音。

3. 会议期间保持会场安静，不要在会场随意走动。

下面会议正式开始。

…………

下面请允许我代表我院为×××教授颁发客座教授证书。

下面有请×××教授上台为我们进行题为“××××”的精彩演讲。

…………

刚才，×××教授就××××为我们做了精彩的专题演讲，非常感谢×××教授带给我们的精彩演讲。

接下来，进入互动提问环节，请大家踊跃提问。

…………

与会同志就××××问题进行了热烈的互动问答，进一步巩固了今天的学术成果……

会议结束后，请大家一起与×××教授合影留念。

现在我宣布，今天的学术交流会到此结束。

范文模板三：

总结表彰大会主持词

（××××年××月××日）

尊敬的各位领导、同志们：

现在我宣布××××“××××年度上半年工作总结暨××××总结表彰大会”现在开始，请全体起立，奏唱国歌。

…………

同志们，按照××××关于半年工作总结暨××××总结表彰工作的部署，一周以来，各部门、各单位能够……

今天总结表彰会主要有三个方面的内容：一是宣布表彰××××先进单位、先进个人的通报、通令；二是对上半年工作进行讲评；三是对××××有关工作进行安排。

下面，首先由×××宣读表彰先进××××的通报。

…………

下面，请×××宣读表彰××××的通报。

…………

下面，请×××部长宣读表彰××××的通令。

…………

下面，请×××宣读表彰××××的通报。

…………

刚才，宣读了××个表彰通报、××个表彰通令，共有××个单位、

××个个人受到表彰，他们是××××的先进代表，××××建设能够取得长足的进步与发展，首先是××××共同努力奋斗的结果，同时也离不开先进典型的模范带头作用。今后我们要在进一步发现典型、培养典型、宣扬典型上下功夫，力争形成具有××××特点的先进典型群体。

下面，为部分先进单位、个人颁奖：

首先由×××、×××为××××颁发奖状。

…………

下面，请××××讲话。

…………

下面，请×××就××××有关工作进行部署。

…………

刚才，×××部署了××××工作，大家一定要落实好有关要求。预祝同志们度过一个安全、愉快、文明、健康的××××。最后，我宣布总结表彰大会闭幕，请全体起立，奏唱国歌。

6.5.3 主持词写作的注意事项

在对与会人员的称谓上，主持人一定要注意礼貌，在介绍与会人员的时候要注意顺序，要符合我们国家的国情和优良传统，这也是对与会人员的一种尊敬。

主持词的语言一定要简明扼要、平实端重，千万不要啰唆冗长、喧宾夺主、华而不实，更不要哗众取宠，要始终牢记主持词的“绿叶”作用。

6.6 就职演讲稿

就职演讲稿，是演讲者在就职之前，面对特定的群体，采取演讲的方式，针对自身职责和具体问题，鲜明、完整地表达自己的见解和主张，阐明自己的立场，表明自己的决心等的一种鼓动性的文字材料。

就职演讲的适用范围非常广泛，上至国家领导人，下至部门领导，甚至学校的班级干部都会涉及就职演讲活动。就职演讲在表达演讲者的意志、树立演讲者的形象、获得受众的支持、灌输理念等方面起着非常重要的积极作用。

从适用范围和应发挥的作用来看，就职演讲具有鼓动性、阐述性等特点。一是鼓动性，即就职演讲实际上就是一种鼓动性宣传，主要目的是演讲者通过演讲，获得受众的支持和理解。二是阐述性，即就职演讲的一个重要作用就是要把演讲者的观点、意志、理念等向受众表达清楚。

6.6.1 就职演讲稿的格式、写法

就职演讲一般由标题、称谓和开头、正文三部分组成。

1. 标题

就职演讲的标题通常由事由和文种构成，如“在××××就职仪式上的演讲”等。

2. 称谓和开头

称谓要根据受众的身份特点确定，多用尊称；开头一般要对自己进行简要的介绍，然后对受众的理解和支持表示感谢。

3. 正文

正文是就职演讲稿的核心部分。首先把自己即将担任的职务所面临的现状进行客观公正的评价，然后陈述自己针对现状所要采取的方法、措施，最后表明自己的决心。在结尾处，对将来的工作、生活表达憧憬和向往，以便鼓舞士气，调动受众的情绪，获得受众的支持。

6.6.2 就职演讲稿范文模板

在××××上的就职演讲

尊敬的各位领导、同志们：

大家好！

首先，感谢××××领导班子对我长期以来的信任和培养，感谢在座的各位同事、朋友长期以来对我工作的帮助和支持。衷心地感谢组织给予我这次锻炼的机会……

新的岗位、新的职务是一个新的起点，但更是一个新的考验……在今后

的工作中，我对自己提出了几点要求：

一是继续刻苦学习，提高理论水平，提高履职能力。……

二是增进团结，当好参谋。……

三是勤实践。……

…………

各位领导、同志们，我会始终以踏实的工作作风，求实的工作态度，进取的工作精神，恪尽职守，认真履行职责，一如既往地做好本职工作，决不辜负大家的重托，请领导和同志们放心。

谢谢大家。

6.6.3　就职演讲稿写作的注意事项

一是要表明诚心。要在就职演讲中重点表明并突出自己的诚意、对工作积极进取的态度和不屈不挠依据群众意愿完成工作的决心。

二是要尽量使用鼓动性的语言。在演讲中，要尽量使用一些能够起到鼓动作用的语言，以便吸引受众。

三是要简练清晰，语言准确。就职演讲的语言千万不要啰嗦，一定要干脆利落，清晰易懂。

6.7　竞聘演讲稿

公开竞争，择优选聘，是现阶段我国人事制度改革的重要原则和表现形式。随着我国改革的不断深化，这种文书得到了更为广泛的应用，越来越受到人们的重视。然而，在很多竞聘演讲中，有很多人的竞聘演讲稿写得不够规范，无论是内容阐述还是格式设置，都不同程度地存在这样或那样的问题，以至于影响了竞聘演讲的质量，甚至直接影响了竞聘的结果。因此，如何写好竞聘演讲稿，是摆在每个竞聘者面前的一个重要课题。

竞聘演讲稿，又称竞聘报告、竞聘书，是竞聘者在竞聘会议上向与会者发表的一种阐述自己竞聘条件、竞聘优势，以及对竞聘职务的认识，被聘任后的工作设想、打算等的应用文体。

竞聘演讲稿这一特殊文书，能够比较全面地反映竞聘者的基本情况和素质，它既是决定竞聘者能否被聘用的重要文字依据，也是组织人事部门用以考核干部的重要档案资料。

6.7.1 竞聘演讲稿的格式、写法

竞聘演讲稿一般由标题、称谓、正文、落款四部分组成。

1. 标题

竞聘演讲稿的标题一般有两种构成形式：第一种只写文种，即“竞聘演讲稿”；第二种由竞聘职位和文种构成，如“人事处处长竞聘演讲稿”。

2. 称谓

一般写“尊敬的各位领导、同志们”。

3. 正文

正文一般由开头、主体和结语三部分组成。

（1）开头。开头部分介绍自己所竞聘的职务和竞聘的缘由。

（2）主体。首先，介绍自己的基本情况，如姓名、学历、职务、经历等。

其次，介绍自己对竞聘岗位的理解与认识。对竞聘岗位的理解与认识是一个人综合素质、综合能力的体现，是对一个人工作经历、经验的总结。对竞聘岗位的理解与认识，要准确、全面，要有一定的高度。虽然对竞聘岗位的理解与认识是写好竞聘演讲稿的关键，却不一定要把它完全写到稿子中，最好是将对竞聘岗位的理解与认识融入竞聘优势、今后的工作思路中，从而使其得到全面、准确的体现。

再次，阐述自己的竞聘优势，列出自己优于他人的竞聘条件，如政治素质、业务水平、工作能力等。在列举竞聘优势时，既要有概括的论述，又要有真实的依据。比如，在讲自己的业务能力时，可用一些获得的成果和业绩来证明。另外，要突出竞聘者所具备的优势与岗位需求高度一致。

最后，写今后的工作思路，提出被聘任后的工作设想、打算等。这一步是重点，应该写得具体翔实，切实可行。在这里，可以结合对竞聘岗位的认识、理解，简明扼要地阐述自己的观点，紧紧围绕与会者关心的热点、难点问题，提出明确的工作目标和切实可行的措施。

（3）结语。结语部分应用最简洁的话语表明自己的决心和请求。

4. 落款

撰写竞聘演讲稿时，应在落款处写明演讲者的姓名和演讲时间，但在演讲时可以不说出来。

6.7.2　竞聘演讲稿范文模板

政治处教育培训科科长竞聘演讲稿

尊敬的各位领导、评委：

大家好！

今天，我非常荣幸能够站在这个竞聘演讲台上，接受组织和同志们的评议和挑选。在此，我衷心感谢党委及同志们给予我这次展示自我、挑战自我的机会。

我竞聘的岗位是——政治处教育培训科科长。

我叫……（介绍一下自己的基本情况、政治素养、任职经历等）。

…………

多年的工作实践培养和锻炼了我。概括起来，我参与这次竞聘，主要基于以下5个方面的优势：

一是对宣传教育工作比较熟悉。多年的工作经验，使我摸清了宣教工作的规律，能够准确理解和把握……

二是具有较强的写作能力。从事宣传工作5年来，我撰写了大量的……

三是宣教工作基础比较扎实，业务能力比较强。××××年××月，我……

四是具有较强的组织协调能力。工作这么多年，我既有不同工作岗位的锻炼，又有基层、机关工作的经历……

五是……

作为竞聘者，我衷心希望能够获得在座的各位领导、评委的信任和认可。如果有幸竞聘成功，我将在政治处的直接领导下，摆正位置，加强学习，履行职责，努力做好自己的工作。

竞聘者：×××

××××年××月××日

6.7.3　竞聘演讲稿写作的注意事项

进行竞聘演讲时对竞聘岗位的理解与认识要有新意，要做到思想观点新、思维角度新。

竞聘演讲稿所谈的事实和所用的材料、数字都要真实、准确无误。

竞聘演讲中要注意分寸，因为竞聘者演讲的角度基本上是以自我为中心的，所以竞聘者要将自己优秀的方面展示出来，让他人了解自己。但要注意的是，在展示时，要从实际情况出发，掌握好分寸，切忌夸大其词。

第7章 总结报告类文书写作

本章所讲的总结报告类文书，指的是党政机关、人民团体、企事业单位或个人在日常工作中所用到的总结、述职报告、调查报告、工作汇报、会议工作报告、检讨报告、组织鉴定、情况、学习收获等应用类文书。

7.1 总　结

总结是各级党政机关、人民团体、企事业单位或个人经常使用的一种文体，主要用于对一定阶段内的工作或某项工作的完成情况进行系统的回顾和分析，总结经验和教训，发现某些工作规律或缺点，找出产生错误的原因，从而调整改革与前进的方向，为今后的工作提供帮助和借鉴。

通过总结，人们可以把零散、肤浅的感性认识上升为系统、深刻的理性认识，从而得出科学的结论，以便发扬优点，克服缺点，吸取经验和教训，使今后的工作少走弯路，多出成果。

根据不同的分类标准，可将总结分为许多不同的类型。按范围分，有班组总结、单位总结、行业总结、地区总结等；按性质分，有工作总结、教学总结、学习总结、科研总结、思想总结、项目总结等；按时间分，有月度总结、季度总结、半年度总结、年度总结、一年以上的时期总结等；按内容分，有全面总结、专题总结等。

其中，全面总结和专题总结是两种常见但写作难度较大的类型，本书下面将做重点讲解。

7.1.1 总结的格式、写法

总结按内容可分为全面总结、专题总结。不同类型的总结，其格式与写法均有所不同。

1. 全面总结

全面总结由标题、正文、落款三部分组成。

（1）标题

标题一般包括发文单位名称、时间和文种三要素，如“××市财政局××××年工作总结”。有时仅写时间和文种，而省略单位名称，如“××××年教学工作总结”。也有时省略时间。还有一种写法是使用“双标题”，用一句主题词、句做主标题，在副标题中标明单位名称、时间和文种，如“构建农民进入市场的新机制——运城麦棉产区发展农村经济的实践与总结”。

（2）正文

总结的正文分为开头、主体和结尾三部分，各部分均有其特定的内容。

开头简略介绍自身情况和形势背景。自身情况包括单位名称、工作性质、基本建制、人员数量、主要工作任务等；形势背景包括国内外形势、有关政策、指导思想等。

主体是总结的主要部分，内容包括成绩和做法、经验和教训、今后的打算等方面。这部分篇幅大、内容多，一定要层次分明、条理清楚。

主体部分常见的结构形态有：

第一，纵式结构，即按照事件或实践活动的过程安排内容。写作时，把总结所涉及的时间划分为几个阶段，按时间顺序分别叙述每个阶段的成绩、做法、经验、体会。

第二，横式结构，即按事件性质和规律的不同分门别类地依次展开内容，使各层之间呈现相互并列的态势。

第三，纵横式结构，即安排内容时，既要考虑到时间的先后顺序，体现事件的发展过程，又注意内容的逻辑联系，从几个方面总结出经验和教训。

结尾是正文的收束，应在总结经验和教训的基础上，提出今后的方向、任务和措施，表明决心，展望前景。这段内容要与开头相呼应，篇幅不应过长。有些总结在主体部分已将这些内容表达过了，就不必再写结尾。

（3）落款

落款要写明法定作者、日期。如果在标题中和题下已标明，则可省略落款。

2. 专题总结

专题总结又叫单项总结，是各级机关、单位对某项任务的某个方面的工作，或某项工作的某个方面的经验和教训做出的总结。

专题总结只涉及一个单位或部门某项工作的某个方面，内容比较单一，针对性强，篇幅不长。会议总结、典型经验总结都属于这种总结。

专题总结多由标题、正文、落款三部分组成。

（1）标题

一般包括机关或单位名称、专项事由和文种三部分。有时省去文种，还有时先用主题词、句做主标题，后用副标题标明单位名称、专项事由和文种。

（2）正文

正文主要有两部分：一是基本情况，二是主要经验和教训。基本情况的介绍要写得简明概括；主要经验和教训要写得具体、详细，写清楚取得成绩的具体方法、步骤、措施。正文的这部分写法，可根据内容，概括提炼出几个小标题，分条加以叙述说明。

（3）落款

写明法定作者、成文日期。专题总结必须写明法定作者和成文日期。但如果在报刊上发表，则只写明法定作者。

专题总结写作的基本要求是条理清晰，突出重点。

7.1.2 总结范文模板

范文模板一：

××××保卫处××××年工作总结

今年以来，我们坚持深入学习××××，牢固树立安全发展理念，坚持预防为主，综合治理，重在建设，以研究解决影响××××的突出问题为切入点，狠抓××××，不断提高预防犯罪工作的质量和效益，圆满完成了各项任务，为实现××××发挥了职能作用。

一、完成的主要工作及体会

针对××××年××××的实际，紧紧围绕××××，大力加强保卫工作。

（一）积极探索对策措施，预防效果更加明显……

（二）着眼提高能力素质，队伍建设稳步推进……

（三）依法查处突出问题，彻底消除各类隐患……

（四）坚持服务基层，人员法纪意识更加牢固……

（五）紧贴形势任务需要，自身建设得到加强……

以上成绩的取得，离不开×××和×××的正确领导，离不开上级业务部门的正确指导，离不开兄弟部门的大力支持，离不开××××的共同努力，离不开保卫处同志们的拼搏进取。

二、体会

回顾一年来的工作，主要有以下三点体会。

（一）只有坚持预防为主，才能彰显成效……

（二）只有坚持主动作为，才能更好地发挥作用……

（三）只有坚持抓好队伍建设，才能筑牢安全屏障……

三、存在的主要不足

今年以来，虽然做了大量工作，也取得了明显成效，但与新的形势任务要求还有较大差距。

（一）思想认识还不够到位……

（二）能力素质还不够全面……

（三）……

四、明年的工作打算

明年的保卫工作总体设想：以××××为指导，按照××××工作安排，坚持抓预防、保稳定、促发展，充分发挥保卫部门的职能作用，拟重点抓好四个方面的工作。

（一）认真研究××××问题对策措施……

（二）进一步规范各级保卫工作……

（三）扎实做好个别人员教育转化工作……

（四）深入开展××××活动……

××××保卫处

××××年××月××日

范文模板二：

×××同志全市农村工作会议的总结

（××××年××月××日）

我们这次全市农村工作会议，传达了全省农村工作会议精神。×××、×××同志代表市委、市政府进行了加快我市农业发展的发言。与会同志用2天多时间，逐个讨论了7个方面有关加快农业发展的实际问题，先后有30个同志从不同角度发了言，沟通了情况，交流了经验。

现在，我就会议讨论情况和我市下一步农村工作讲几点意见。

一、肯定主流，看到差距，进一步加强对农业的领导

…………

二、正确处理加强农业领导与继续抓好乡镇企业建设的关系

…………

三、层层动手，做好明春大规模开展农田水利基本建设和开发性建设的准备工作

…………

四、继续大力加强乡村政权建设和领导班子建设

…………

五、完善家庭联产承包责任制，发挥其优越性

…………

通过这次会议，我们加深了对××××的理解，认清了我市农村的形势。既看到了主流是好的，又找到了差距。同时，还看到了发展农业的巨大潜力和光明前途。这几天大家又共同商议了一些加快农业发展的具体措施。我想，我们只要遵照××××的指示，坚持不懈地狠抓落实，我市农业再登上一个新的台阶是大有希望的。

××××

××××年××月××日

范文模板三：

××××（单位）×××× 学习教育工作总结

按照××××的部署，××××从××××年××月××日到××月××日，开展了××××的学习教育活动。教育中，紧紧围绕××××这一主线，把学习教育与加强××××的建设结合起来，与解决××××上存在的突出问题结合起来，收到了较好的学习效果。

一、教育开展情况

（一）高度重视，组织严密……

（二）形式多样，方法灵活……

（三）联系实际，解决问题……

二、存在的问题

（一）在学习内容上，还只局限于××××，依然存在着内容比较零散，不系统，不全面，拓展和延伸不够的问题，导致了学习不够深入，领会不够深刻。

（二）在学习的组织上，尽管在学习时间上严格落实了××××，但是每天集中学习时间过长，一定程度上影响了学习效果。

（三）在处理工学矛盾上，××××没有很好地解决工学矛盾，不同程度地存在学习教育不够系统，学习质量不够高的问题，补课任务还十分艰巨。

（四）在解决问题上，有的单位和个人，联系实际不够紧密，针对性不强，抓不住主要矛盾……

三、下一步打算

按照××××的要求，××××认真搞好“回头看”，要做好以下四个方面的工作：

（一）继续在刻苦学习，提高理论素养上下功夫。要充分认清搞好理论学习的重要性和紧迫性，把它作为××××的第一任务……

（二）继续在全面加强××××的建设上下功夫……

（三）继续在努力提高自身素质上功夫……

（四）继续在建章立制，形成良好竞争机制上下功夫……

××××

××××年××月××日

范文模板四：

××××（单位）关于××××工作的经验总结

自年初以来，××××严格按照××××的要求，逐一抓好××××的落实，对××××工作中的有关条款进行了认真的学习，进一步了解、掌握了××××工作的相关内容……主要从以下几方面抓好落实：

一是搞好××××教育，增强××××观念。××××是我们的中心任务，怎样完成中心任务？关键在于××××教育准备工作……

二是落实××××制度，确保万无一失。××××在××××的正确领导和支持下，认真贯彻落实××××的方针……

三是搞好××××，增强××××。××××结合××××要求各级工作人员熟悉内容和程序，为开展工作奠定了基础……

四是加强××××，向管理要效益。随着××××的发展，随着社会主义市场经济的不断深化，如何走出一条投入少、效益高的路子，是摆在××××面前的重要课题，××××在落实××××管理工作制度上下功夫……

××××

××××年××月××日

范文模板五：

××××党委××××年度工作会议总结

同志们：

这次××××会议，是全面贯彻××××的一次十分重要的会议。会议传达和学习了××××会议精神，×××同志做了重要讲话，×××同志代表××××向全会做了工作报告，×××、×××同志分别发了言……今年是××××的一年，也是××××的一年……

适应新的形势任务，落实好××××工作部署，服务好××××大局，推动××××又好又快地发展，必须以××××为指导，以××××统领安全发展，以××××保障科学发展和××××圆满完成，围绕××××这个主题，我有以下几点体会：

一、牢固树立××××理念

…………

二、突出抓好××××

…………

三、各级领导要切实履行好××××的重大责任

…………

××××

××××年××月××日

7.1.3 总结写作的注意事项

总结的内容必须完全忠于自身的客观实践，其材料必须以客观事实为依据，不允许东拼西凑，要真实、客观地分析情况、总结经验和教训。

总结的选材不能求全贪多、主次不分，要根据实际情况和总结的目的，把那些既能显示本单位、本地区特点，又有一定普遍性的材料作为重点，写得详细、具体。

总结要有独到的发现、独到的体会、新鲜的角度、新颖的材料。

7.2 述职报告

述职报告是各级机关、企事业单位、人民团体的各级领导干部或管理人员，根据制度规定或工作需要，定期或不定期向组织人事部门、上级主管机关或本单位的员工陈述自己在任职期间履行岗位职责情况的书面总结材料。

述职报告是干部或管理人员的自我汇报，具有以下几方面的作用。

一是述职报告有利于组织人事部门考核、选拔、任用干部，建立和健全公平、公开、公正的干部人事任用机制，完善专业技术人员的任用机制。它是社会主义市场经济条件下的新型用人体制的体现，并有利于发现和选拔革命和建设事业的接班人。

二是述职报告便于人民群众进行监督、评议，是人民群众参政议政的形

式之一，对于强化干部的公仆意识和为人民服务的精神，强化人民群众的主人翁地位和当家作主意识都具有极大的作用。

三是述职报告有利于促使被考核人员不断总结经验，明确自身职责，努力提高自身的思想政治水平，领导才干和业务素质，树立清正廉洁、爱岗敬业的精神。

四是述职报告有利于提高述职人的口头表达能力和文字表达能力。

述职报告，从内容上划分，有综合性述职报告和专题性述职报告等；从时间上划分，有任期述职报告、年度述职报告、临时性述职报告等。

7.2.1　述职报告的格式、写法

述职报告一般由首部、正文、落款三部分组成，各部分格式、写法要求如下。

1. 首部

述职报告的首部主要包括标题和受文机关或称谓两项内容。

（1）标题

第一种写法是只写文种，即“述职报告”；第二种写法是代词加上文种，如“我的述职报告”；第三种写法是文种前加上述职的时间范围，如“××××年度述职报告”；第四种写法是文种前加上任职时限和职位名称，如“××××年至××××年任××××的述职报告”；第五种写法是使用主副标题，主标题一般为述职报告的主旨、基本观点、基本经验等，副标题使用前面这四种写法中的一种。

（2）受文机关或称谓

用于书面行文的要写明受文机关，如“各位领导”“董事会”“组织人事部”等；用于口头宣讲的要写明称谓，如“同志们”“全体干部、职工同志们”等。这项内容应顶格写，其后用冒号。

2. 正文

一般述职报告正文由前言、主体、结尾三部分组成。

（1）前言

一般包括两方面内容：一是任职简介，概括叙述自己从什么时间起任什么职，并对述职的内容和范围做必要交代；二是简要概括、评价任职以来的工作情况。

（2）主体

这是述职报告的核心内容。述职报告的主体部分一般围绕职责要求，有条理地陈述自己的德、能、勤、绩。德，主要包括任职期间执行党和政府的路线、方针、政策的情况，遵纪守法的情况，自己的事业心和敬业爱岗的精神，自己的集体意识、团队协作精神、工作作风等。能，主要指自己履行现岗位职责的基础理论和专业知识是否扎实，自己分析问题的能力、开拓能力、创新能力如何等。勤与绩，主要包括工作量的完成情况，任职期间如何按岗位要求履行职责，岗位目标的完成情况，工作中解决了哪些具体问题、取得了哪些成果，社会效益和经济效益如何等。

述职报告的主体部分在陈述业绩的同时，还要一分为二地指出履行职责方面的一些不足之处，并且一定要实事求是，具体问题具体分析。

主体部分主要有横式结构和纵式结构两种。横式结构，即按照事物的性质和逻辑关系组织材料，多角度、全方位地表现述职人的工作情况。这种结构的关键是要安排好述职人的各项工作的内在逻辑关系，分清主次，摆正因果。纵式结构主要用在工作阶段性较为明显的工作岗位陈述中，一般按照时间先后和事件发展的自然顺序安排内容。这种结构对任职时间长、任期内的工作变动大的述职人最为适用。

（3）结尾

概括评价自己的工作并简要说明自己的体会及今后的打算。

作为向上呈报的述职报告应该有结束语。通常用“特此报告”或“专此述职”等结束全文。

3. 落款

包括署名和时期两项内容。有时要写明述职人的单位、职务和姓名。于其下写日期。

7.2.2 述职报告范文模板

×××述职报告

尊敬的各位领导：

大家好！

我叫×××，××××年出生，××××年××月入伍，××××年

××月××日调入××××担任办公室秘书工作，于××××年××月考入××××学院学习××××专业，××××年××月任××××。××年来，在各级领导的亲切关怀和指导下，在同志们的帮助下，自己能够认真履行职责，积极开展工作，较好地完成了本职工作和上级交给的各项任务，现将××年来履行职责情况述职如下 。

一、本级职责

…………

二、履行岗位职责情况

（一）讲政治，立场坚定……

（二）干工作，不讲代价……

（三）守纪律，树好形象……

三、存在的不足及原因

（一）理论学习不够深入，没有转化为实际能力……

（二）业务能力差距较大，不能适应快节奏工作的需要……

（三）思路不开阔，工作标准不高……

述职人：×××

×××× 年 ×× 月 ××日

7.2.3　述职报告写作的注意事项

述职报告，顾名思义要重在“述”，即要真真切切、实实在在地谈情况、摆事实，但在事实材料陈述的基础上，还应当进行由此及彼、由表及里、由浅入深的思考分析，从而得出经验，总结教训，自我评价，得出在履行工作职责的过程中带有规律性的理性认识，以有效地指导今后的工作实践。

述职报告要重点突出，有的放矢，详略得当，不能事无巨细地写成“流水账”。要写好典型工作实绩，侧重于展示个人在一定时期内履行岗位职责的思路、过程和自己的能力等，重点是回答自己称职与否的问题，并不以表现本部门、本单位的总体业绩、问题为重点。

撰写述职报告时必须把握好分寸，注意得体、礼貌、谦逊和诚恳。

7.3 调查报告

调查报告，也称调查、调查汇报、调查记、考察报告、调研报告，是有目的地对某一情况、某个问题、某项工作进行深入细致的调查，并将调查中收集到的材料加以系统整理、分析研究后，以书面形式向组织和领导汇报情况的一种应用文体。

调查报告要在占有大量现实和历史资料的基础上，用叙述性的语言实事求是地反映某一客观事实。因此，调查报告对于了解、剖析事物的本质及其发展趋势，从而解决问题具有积极的作用。

调查报告可以在报刊上发表，也可以供领导机关作为处理问题、制定政策的依据或参考。

7.3.1 调查报告的格式、写法

1. 典型经验调查报告

典型经验调查报告，是指反映和总结典型经验的调查报告，是调查报告中常用的一种形式。

典型经验调查报告，是上级领导机关对某个会影响发展方向的新生事物、新鲜经验和先进典型专门进行调查而形成的公文，通过总结典型经验，寻找其发展规律，显示其优越性，指出推广它的意义。

典型经验调查报告一般由标题、主要内容、正文、落款四部分组成。

（1）标题

标题包括被调查对象、事由（调查内容）和文种三部分，文种一般仅标出“调查”二字，而不常用“调查报告”这一全称，如“××××大学硕士毕业生就业情况调查”。还有的采用一两个主题词、句做主标题，另加一个副标题标明被调查的单位名称和事由，如“高校发展重在学科建设——××××大学学科建设实践思考”。

（2）主要内容

通常包括调查时间、调查地点、调查对象、调查方法、调查人员、调查分工几项内容。

（3）正文

正文通常由前言、主体、结尾三部分组成。

前言部分多简明扼要地说明调查目的（或缘由）、调查时间、调查范围及调查报告即将报道的主要内容等。前言要精练概括，直切主题。

主体部分要详述调查研究的基本情况、做法、经验，以及分析从调查研究材料中得出的各种具体认识、观点和基本结论。在写法上，多采用小标题分条列项的写法。

结尾部分主要针对报告中的经验和原因，进行必要的分析和研究，揭示其典型意义，有的还要展望一下发展趋势，提出下一步的发展方向等。

（4）落款

签署法定作者、日期。法定作者多数即文章的作者，有时也署“××××调查组”，日期为制文日期。落款有两种写法：一是署在正文的右下方；二是作者署在标题之下，日期仍署在文尾。

2. 重大问题调查报告

重大问题调查报告又称“揭露问题的调查报告”“查明问题的调查报告”。通常是为了弄清某项重大问题或事故责任，深入需要调查的机关或企事业单位，通过得到的确凿事实、原始材料等查明真相、揭露问题，以便领导机关做出准确的结论和正确的决定，并由此达到处理问题、教育群众的目的而写作的。

重大问题调查报告一般由标题、正文、落款三部分组成。

（1）标题

标题多由被调查对象、事由和文种构成。文种有时不出现。还有的用主、副两个标题，主标题用以揭示主题，副标题则标明调查地点、内容和范围，还可以用“调查”“调查报告”字样在副标题中标明文种。

（2）正文

重大问题调查报告的正文由前言、主体、结尾三部分组成。

前言部分写调查报告的写作缘由、调查对象、问题概貌、结论，让人对被调查的问题建立总体印象，也可以交代一下调查时间、调查地点及参加调查的人员和经过等。

主体部分要对重大问题和某项事故的具体情况做必要的叙述，分析原因，研究问题的性质。对比较复杂的问题，通常要拟定一些醒目的小标题，提纲挈领，使人一目了然。叙述事实时，可以按时间顺序做纵向的叙述，也可以横向剖面抓住要点，深入剖析，还可以夹叙夹议，摆事实，讲道理。

结尾部分要针对问题给出结论，对问题的处理提出中肯的意见和建议。

（3）落款

签署法定作者、日期。作者一般也就是其法定作者，作者署名多在标题之下。

7.3.2 调查报告范文模板

范文模板一：

关于国有大中型企业××××的情况调查

根据工作计划，××××部派出工作组对××××、××××、××××和××××推行××××的情况进行了调查。

一、基本情况和印象

调查的××××，均为××××。××××拥有固定资产××××亿元，是××××的骨干企业，××××生产基地。进入××××以来，在××××指引下，贯彻××××方针，在满足××××的同时，根据市场需要相继开发出了××××，保证了企业顺利地实现由××××向××××的转轨转型……

二、主要做法和特点

调查发现，各单位在落实××××过程中，积累了很多好的经验，具体做法各有特点。概括起来主要有五个方面：

（一）企业根据不同情况，采取不同的××××形式是××××应遵循的原则

…………

（二）不断改善企业生产经营机制是顺利推行××××的关键

…………

（三）建立健全自我约束机制是搞好××××的重要措施

…………

（四）搞好配套改革是××××健康发展的必要条件

…………

（五）加强思想政治工作和精神文明建设是搞好××××的根本保证

…………

三、存在问题和建议

××××在充分肯定××××积极作用的同时，也提出了目前存在的一些问题，主要表现在……对此，我们建议：

（一）××××现行的××××模式应继续坚持……

（二）研究制定比较科学的××××方法……

（三）制定政策要考虑企业的沉重负担……

（四）时刻不能放松思想政治工作……

×××

××××年××月××日

范文模板二：

贫困线下的沉思

——从一个乡的情况看××××低层次文化特征

贫困线，是以人均收入确定的贫困与温饱的界线。贫困线下，无疑是××××的最低层次。本文是从一个贫困乡的基本情况出发，对这一层次文化的特征做一些粗浅的分析。

××乡，总面积××××平方公里，总人口×××××人，总户数××××户。这里土地资源丰富，日照资源和风能均有利用价值；水资源奇缺，属干旱地区；气候条件较差，属温带大陆性季风气候，干旱、霜冻为主要灾害。居住在这里的人，全部从事农业和畜牧业，过着靠天吃饭的清苦日子。××××年，实行了××××，生产有了较快的发展，但生产力仍然十分低下。××××年全乡人均收入××××元。全乡××××个农户中贫困户有××××个，占××%。

在现有总人口中，××岁以上总人口×××××人，文盲、半文盲占××%，高中文化以上程度××××人，占××%。乡政府所在地于××××年建起一个文化站，平常基本上不开展活动。农民每年除了到乡里看一两场戏，基本上再无其他文化活动了。

综上，××××的经济是极为典型的贫困经济，文化则是反映贫困经济的低层次文化。

低层次文化的主要特征是……

低层次的文化心理，是××××的文化心理。通过××××的调查，可以概括出以下几个特征……

低层次的文化状态决定了人们思维方式的凝固性，××××方式又使凝固的思维方式附加了依赖性。思维方式的这两个特点在贫困地区有着充分的表现……

××××的调查告诉我们，改变低层文化的落后状态，首先要……

其次要……

再次要……

×××

××××年××月××日

范文模板三：

××××关于××××管理经验的调查报告

××××是××××年建设的老厂。××××年，××××与其他××××企业一样，面临内部成本上升、外部市场疲软的双重压力，经济效益大幅度下降，当时生产的×××个品种中有×××个亏损，总厂已到了难以为继的状况，然而各分厂的报表中所有产品却都显示出盈利，个人奖金照发，感受不到市场的压力。造成这一反差的主要原因是……

为此，××××从××××年开始推行了以××××为核心的企业内部改革，加大了企业技术改造力度，加强了企业内部经营管理，坚持走集约化经营的道路，使效益大幅度提高，实力迅速壮大。××年来实现的效益和××××超过了前××年的总和，××××已由过去一个一般的××××企业跃居全国××××企业行列。

其主要经验有以下两点：

一、抓住“成本”这个“牛鼻子”不松手，抓住“成本否决”这个关键不留情，抓住“效益”这个中心不动摇，是××××管理经验的关键所在。

…………

二、有效推进了企业经营机制和增长方式的转变，大幅度提高了企业的经济效益。

…………

××××的实践证明，××××适应建立××××的要求，必须在转换经营机制的基础上转换经营方式，切实转变经济增长方式，这样才能充分挖掘企业的内部潜力，提高企业的整体素质和市场竞争力。××××的做法为……提供了借鉴意义。

×××

××××年××月××日

7.3.3 调查报告写作的注意事项

调查报告的写作要求是：深入调查研究，实事求是，不虚构事实，眉目清楚，观点和材料统一，要揭示出事件的典型意义。

重大问题调查报告的行文要条理清楚，结构紧凑，语言简练、准确。

7.4 工作汇报

工作汇报，就是下级单位、机关团体或个人通过一定的形式，将某一特定阶段工作的开展情况向上级进行反映和汇报的一种应用文体。工作汇报主要用于反映本单位或个人某阶段工作进展情况或重大问题，对上级政策、法令的执行情况或对交办任务的完成情况。工作汇报也是对单位或个人工作的高度概括和总结，是争取上级支持和帮助的有效手段。

根据汇报的方式不同，工作汇报可分为口头汇报、专题片汇报、多媒体汇报和书面汇报。

在机关工作，下级要经常向上级汇报各种情况，尤其是口头汇报，随时随地都可能发生。出色的口头汇报不但可以让上级在短时间内了解自己的工作进度、主要成绩、存在的问题并提出意见和建议，而且还可以通过汇报展现自己的基本素质和口才，为自己的发展创造机遇。进行口头汇报的重点在于要开门见山、思路清楚、条理分明、语速适中、音量适当，同时还要把控好汇报时间。

专题片汇报是以工作场景为基本素材，对过去和现在的工作场景进行的纪录，它集音、像为一体，可以生动、真实、客观地再现工作场景。用于汇报的专题片的制作程序比较复杂，包括脚本制作、解说词写作、拍摄、音响合成、字幕设计、特技处理、剪辑合成等环节。用于汇报的专题片的制作必须先确定要表现的中心思想，然后创作分镜头脚本，再按照分镜头脚本进行拍摄，之后录制解说词，最后进入非线性编辑系统进行合成剪辑。

多媒体汇报，即通过演示文稿制作软件PowerPoint进行汇报，使汇报内容更加生动，更加直观。利用多媒体汇报，应注意对汇报演示文稿整体风格的把握、母板的选取和制作、构图的安排、文字的运用、图片和剪贴画的选取及整体调整等。

书面汇报，顾名思义，就是以书面的形式将工作开展情况向领导进行反映和表述的一种形式。本节讲述的即为书面汇报。

7.4.1 工作汇报的格式、写法

工作汇报一般由标题、称谓、正文三部分组成。

1. 标题

工作汇报的标题由发文机关、发文事由、文种三部分组成，标题中的这三个要素一般不宜省略。

2. 称谓

有的汇报在正文开始前顶格写明受文单位并加上冒号，之后另起一行写正文。此部分也可省略。

3. 正文

工作汇报的正文通常由概括说明和引导语、主体、结尾三部分组成。

（1）概括说明和引导语

即对要汇报的问题做最简洁的说明，然后加上“现将情况报告如下”等语句引入正文主体部分。也有的工作汇报省略了这种概括说明和引导语。

（2）主体

要针对工作汇报的性质叙述事实、分析原因并介绍采取的相应措施。叙述事实时要写明时间、地点、人物和事件梗概，分析原因要准确，介绍措施要实事求是。

（3）结尾

一般是针对工作汇报的内容简要提出自己的具体要求，并以“以上报告是否妥当，请批示”“特此报告”之类语句结束正文。

7.4.2 工作汇报范文模板

××××局抗洪抢险工作汇报

××月中下旬以来，××市及周边地区连降暴雨，造成××××水位暴涨，局部地区部分群众受灾。根据××××政府指示，我局于××××年××月××日至××月××日连续××天参与抗洪抢险工作。下面，我将我局近期参加抢险救灾行动的情况进行专题汇报。

一、基本情况

自××月××日以来，按照××××政府、防汛抗旱指挥部通知要求，截至××日中午，我局所属三个所共参加抢险救灾任务××次，出动人员××人次……参战人员经过总计××小时的艰苦奋战，共疏散被困群众××××人，疏通河道××处，解救受灾群众××人，帮助群众转移物资××××万元，抢运受灾物资××××万元……实现了××××提出的“出动速度快、救灾有基础、发挥作用好、全程保安全”的目标。

…………

二、主要特点

（一）预有准备，快速反应……

（二）靠前指挥，密切协同……

（三）组织迅捷，把握主动……

…………

三、几点启示

总结此次抗洪抢险工作，主要有以下启示：

（一）只有坚决贯彻执行上级指示精神和作战意图，才能牢牢把握作战主动……

（二）只有平时不断强化预演，关键时刻才能做出快速反应。这次抗洪抢险战斗充分证明，只有平时充分战备，方能以不变应万变，关键时刻拉得出、上得去、打得硬……

四、下一步工作

下一步，我们将更加认真地把握周边地区的抗洪抢险形势，立足于防大汛、抢大险、救大灾，把防汛工作作为当前的阶段性中心工作抓紧、抓好。

（一）要进一步做好统一思想的工作，不断强化所属人员顾全大局的政治意识……

（二）要进一步做好安全稳定工作，确保自身安全……

（三）要进一步做好防汛物资储备工作，扎实搞好预演……

…………

当前，我局××××所、××××所仍在灾区执行援建任务，我们有信心、有决心坚决贯彻落实××××指示要求，保持高度戒备状态，再接再厉，坚决打赢抢险救灾攻坚战。

特此报告。

7.4.3 工作汇报写作的注意事项

工作汇报应当写得简明扼要，概括地讲清主要情况和问题，使上级领导机关对问题及时了解，至于具体情况和经验教训，可采用专题总结、调查报告、检查报告等形式另行处理。

工作汇报的写作，最主要的是要实事求是，不夸张，不谎报，叙述简明清晰。

7.5 会议工作报告

会议工作报告是一种会议文件，通常是各级机关的主要领导，代表各级党组织、行政机关、人民团体等向全局性大型代表会议所做的正式的、郑重的讲话。

会议工作报告是代表整个组织或机关回顾总结工作、分析研究形势、部署任务时使用的文件，有的会议工作报告需要提请大会审议批准。

会议工作报告根据其性质和内容，又有筹备工作报告和届时工作报告等区分。

7.5.1　会议工作报告的格式、写法

会议工作报告一般由首部和正文两部分组成。

1. 首部

首部由标题、题下签署、称谓三部分组成。

（1）标题

通常由会议名称与文种构成，有的则直接写上工作范围和文种，如“政府工作报告”。也可以用概括报告主要内容的词句做标题，或者用概括报告主要内容的词句或号召性的词句做主标题，再用一个由会议名称与文种构成的副标题与之配合。

（2）题下签署

标题下要标明报告时间和报告人姓名。

（3）称谓

正文开头之前要顶格写称谓。称谓根据会议的性质而定，在党政机关一般称呼为“同志们”。

2. 正文

正文一般由开头、主体、结尾三部分组成。

（1）开头

开头要简要地说明会议的性质、任务、意义或者缘由等。

（2）主体

主体通常要首先总结前一阶段的工作，包括成绩与存在的问题；其次根据党和政府的总任务或者上级的要求，分析形势，提出今后的方针与任务，接着提出完成任务所采取的措施、办法等。

（3）结尾

结尾一般为强调意义、表明决心、发出号召等。如果属于提请会议审议的报告，要以“以上报告，请各位代表（或委员）审议”之类的话做结语。

由于会议工作报告的容量较大，正文的写作一般使用若干小标题或子目来分条写，使之条理清楚。

7.5.2 会议工作报告范文模板

××××年度××××工作总结报告

（××××）

（××××年××月××日）

今年，××××在××××的正确领导下，在××××的大力支持和帮助下，按照年初××××确定的工作思路和奋斗目标，紧密结合××××实际，以××××素质提高促进各项工作上新台阶，在工作创新中求发展，从多个角度积极开展工作，年度××××工作呈现出良好的发展势头。

一、工作开展情况

（一）认真搞好理论武装。每季度制订××××计划，精心收集各类理论文章、领导讲话和会议精神，为学习顺利开展奠定了基础……完善了工作思路，用理论成果推动了工作实践。

（二）扎实开展××××活动……

（三）抓好××××工作落实……

（四）大力加强××××工作……

二、存在的问题

（一）统筹工作能力弱。可以说，今年××××取得的这些成绩多数是在××××的指示下完成的，很少有工作是由我们先提出建议，经领导同意后完成的，这说明……

（二）文字表达能力弱。……

（三）工作标准不高。……

三、下一步工作打算

（一）狠抓自身建设……

（二）……

（三）……

（四）……

7.5.3　会议工作报告写作的注意事项

会议工作报告的写作要求是：中心思想明确，重点突出，论点和论据要有机统一，力求内容充实，切忌空洞。

7.6　检讨报告

检讨就是反省本人或本单位的思想、工作或生活上的缺点和错误，并追究根源的行为。而检讨报告就是将检讨的结果诉诸笔端，并上交上级审核或请同级监督时使用的文书。

在党政机关、企事业单位、人民团体日常的工作中，难免由于种种原因，犯这样那样的错误，有了错误就要自觉主动地做检讨，从中吸取教训，以便把以后的工作做得更好。

尽管谁都不希望写检讨报告，但掌握一点检讨报告的写作方法还是有必要的。

7.6.1　检讨报告的格式、写法

检讨报告一般由标题、称谓、正文、落款四部分组成。

1. 标题

检讨报告的标题写法一般有两种：一是单标题，可以用“我的检讨”标出，亦可以用“关于……的检讨”；二是双标题，即一个主标题和一个副标题，主标题总结教训，副标题则采用单标题的形式，如“骄傲自满就要摔大跟头——关于××××事故的检讨”。

2. 称谓

写受文者名称。有时也可不写。

3. 正文

在称谓下面另起一行空两格写。内容包括犯错误的基本过程和事实，造成错误的原因，当时的心情和今后的决心等。在写犯错误的过程和事实时需要用叙述的表达手法，在分析原因时采用议论的表达手法。

4. 落款

即署名和日期，位置在正文右下方。

7.6.2 检讨报告范文模板

关于××××事故的检讨报告

××××：

我部接到××××关于××××事故决定事项的通知以后，进行了多次学习讨论。大家完全接受××××、××××的严肃批评，一致认为，这是对我们的关心和爱护，我部受教育极深，震动很大，决心端正态度，从思想作风上深刻检查，坚决改正我们的严重错误。

我部××××事故，是一起违章指挥造成的重大责任事故，也是××××建设中最严重的一次事故。这次事故导致××名职工死亡，直接经济损失××多万元，给××××造成了巨大损失。我们心情十分沉痛，深感有愧于××××的委托，对不起殉难同志和他们的家属。××××、××××的严肃批评，广大群众包括媒体和其他方面的严肃批评，都是对我们深刻的教育。

××××事故的根本原因，正如××××指出的，是××××在成绩面前骄傲了，不那么尊重科学，不那么尊重工人群众、技术人员和基层干部的意见，并影响了下面某些领导干部。这个批评十分中肯，非常正确，打中了我们的要害，指出了我们思想作风上的主要问题。

多年以来，××××确实存在严重的骄傲自满。对于××××在××××的领导下，在××××大力支援下，依靠广大职工努力所取得的一些成绩，不适当地高估了自己的作用。以“先进”自居，爱听别人的赞扬，不爱听批评，讲成绩沾沾自喜，讲缺点轻描淡写，不能虚心学习别人好的经验。说话口大气粗，盛气凌人，听不得不同意见，往往一触即跳，老虎屁股摸不得，在有些问题上搞得上下左右关系紧张。这种思想作风在××××事故问题上表现尤为明显。

（一）由于骄傲，我们容易头脑发热，急于求成，主观片面，夸大主观能动性，提出一些不切实际的口号，做了一些超越客观现实的计划。

…………

（二）由于骄傲，我们往往不讲科学，盲目蛮干，只强调拼命，缺乏严谨的科学态度。

…………

（三）由于骄傲，我们常常自以为是，缺乏民主，缺乏商量办事作风，不尊重工人群众、技术人员和基层干部的意见，不尊重兄弟部门和地方同志的意见。

…………

（四）由于骄傲，我们脱离群众，脱离实际，滋长了严重的官僚主义。特别是在对待工人群众的生命安全上，一些问题更是不能容忍的。

…………

（五）××××事故发生以后，我们对事故的严重性缺乏认识，强调客观，开脱责任，态度是恶劣的。

…………

实践再次证明，骄傲了就要犯错误，就要摔大跟头……

…………

未来，我们一定用实际行动改正错误，团结广大职工，为发展××××做出贡献。

××××

××××年××月××日

7.6.3　检讨报告写作的注意事项

写检讨报告，首先要有一个正确的态度，要勇于做自我批评，认真检查错误。这是写好检讨报告的前提和态度。有了这个前提和态度，当事人就会严于解剖自己，不推卸责任。

写检讨报告，要了解与党和国家有关的方针、政策，以此作为区分正确和错误的标准和依据。

7.7 组织鉴定

组织鉴定，是党政机关、人民团体、企事业单位等组织对系统内的相关人员的工作、学习、思想、行为等的综合评价，这种评价往往与各级干部的任用挂钩。

凡是鉴定，篇幅都不长，但这简短的鉴定稿是从被鉴定者的一些优缺点中概括出来的。鉴定，多是对被鉴定者在某一阶段的思想、工作、学习表现的全面概括评价。

组织鉴定在工作调动、工作分配等方面有着非常广泛的应用；科学严谨、实事求是的组织鉴定是任用干部、考核干部、人员选拔等方面的基本依据。

7.7.1 组织鉴定的格式、写法

组织鉴定一般由标题、正文、落款三部分组成。

1. 标题

组织鉴定的标题一般由被鉴定者的姓名和文种构成，如“×××同志鉴定材料”。

2. 正文

在正文中，要简要介绍被鉴定者的基本情况，对被鉴定者进行客观公正的评价，并明确被鉴定者今后努力的方向。

3. 落款

落款要署组织名称，如果是负责人代表组织进行鉴定，也可以署负责人的姓名，并在下方注明发文时间。

7.7.2 组织鉴定范文模板

×××同志鉴定材料

该同志在××××工作多年，先后从事过……知识面广，阅历和经验比较丰富，获得过××××表彰。

该同志讲政治，作风正……

该同志讲学习，成绩好……

该同志讲正义，表率好……

该同志讲团结，尊重领导，团结同志……

该同志敬业精神强，工作有阅历……

经××××党委研究认为，该同志各方面条件成熟，符合提拔要求。

××××

××××年××月××日

7.7.3　组织鉴定写作的注意事项

组织鉴定的写作一定要实事求是。实事求是不仅是对组织负责，更是对被鉴定者负责。负责为他人做组织鉴定的人，特别是领导人，在为他人做鉴定时要广泛听取群众的意见，全面掌握情况，实事求是地为他人做好鉴定工作。

在撰写鉴定材料时，一定要注意语言简短准确，不要拖泥带水。

7.8　情　况

情况是某一单位、部门或个人，在完成某项任务之后，综合有关材料向上级报告或向群众报告具体情况时所使用的一种应用文体。它与总结不同的地方是：情况重点汇报、介绍事情的经过、情景，材料详细、具体、生动；而总结虽然也需要具体的材料来说明观点，但总结的重点是找出工作中规律性的经验。

情况使用范围极广，单位、部门和个人都会时常使用它。所以掌握情况的写作方法，是提高工作效率的一个有效办法。

7.8.1 情况的格式、写法

情况的结构一般由标题、称谓、正文、落款四部分组成。

1. 标题

情况的标题一般是单标题，把要汇报的事情平实地写在“情况”二字之前，如“中国体育代表团参加第××届奥运会情况”。必要时，可以加上一个副标题，对主标题加以补充和说明。

2. 称谓

情况多有明确的受文对象，或是上级，或是群众，所以，多数情况都有称谓。其位置写在标题下第一行顶格写，后面加上冒号。尤其是写给上级的书面汇报，最好写上受文的上级组织名称，或领导人职务和姓名，以引起重视。

3. 正文

正文的写法有两种：一种是加序号并带小标题的；一种是不加序号和小标题的，即按一般的分段的方法写作。哪种写法更好，作者可视情况而定。

正文多按如下几个层次进行材料组织：首先，写基本情况，这一层内容写得要简要；其次，分几个方面汇报某项活动的情况，每个方面用一个过渡段领起下文，以使文章条理清楚，便于读者更好地掌握内容；最后，写存在的问题和今后的打算。

4. 落款

在正文右下方署上发文者单位名称或个人姓名，并在署名下方注明日期。

7.8.2 情况范文模板

××××计划生育管理干部×××班的一些情况

××××计划生育管理干部×××班是经过××××批准，由××××与××××协商同意后而开办的，并纳入××××计划，拟录取××人，今年××月份入学，学制××年，毕业后基本上回计划生育单位工作。

招生条件：现任县以上（包括县）计划生育委员会正副主任、第三梯队的选拔对象和业务骨干；年龄××周岁以下，工龄××年以上（其中有××年以上计划生育工作经历）；具有××××文化程度；热爱本职，毕业后能安心在计划生育部门工作，身体健康。

招生办法：个人报名，县以上计划生育部门推荐，报同级组织部门审核批准，由地、市计划生育委员会（办公室）统一负责向所在地、市成人招生办报名，在所在地、市参加全区成人高考考试，合格后择优录取。

培养目的：要立足于为搞好××××的人口控制工作服务。

开设课程：既要符合国家有关部门关于培训干部的要求，又要适应我区计划生育工作的实际需要，初步设想开设××××公共课；还拟开设××××课程。此外，还拟开设一些讲座，涵盖……（具体情况附表）。

该班统一由校党委领导，在班中建立党支部，考虑到该班不少人是参加工作多年的老同志，为了便于培养和考核，拟由××××计划生育委员会派一个专职干部加强具体领导，如果这个班能够办好，拟在该班毕业后再招一个班。

以上只是我们开办××××计划生育管理干部×××班的一点情况，有的还只是一些设想，在开班过程中还会出现一些新情况和新问题，届时再不断总结和提高，望××××多多指导。

附表：（略）

××××人口理论研究室
××××年××月××日

7.8.3　情况写作的注意事项

写情况的目的在于综合叙述事情的基本概况，告诉领导和群众已经做了或正在做的某一事情的大体情形，使人了解更多的具体情况。因此，在撰写情况之前，一定要掌握生动、具体的材料。这是写好情况的基础。

7.9　学习收获

学习收获，也叫学习心得、学习体会或学习感悟，它是日常工作和学习中时常用得着的一种应用文体。掌握学习收获的写作方法，不仅对写作有好处，而且可以帮助提高我们的思维能力和工作效率。

一般说来，写学习收获的目的有如下几种：第一种，是作为向领导汇报学习情况的一种书面材料，让领导了解情况，指导自己更好地学习，这种“收获”可以在学习期间写，也可以在学习结束时写，可以个人写，也可以联名写；第二种，以领导或组织的名义，就某项学习任务进行总结，写出稿子，作为向群众总结学习情况和成绩的讲话稿；第三种，给报刊编辑部投稿，或应报刊编辑之约写稿，借此总结经验，扩大影响，推动工作顺利开展。

7.9.1 学习收获的格式、写法

学习收获由标题、正文、落款三部分组成。

1. 标题

标题的写法有两种：第一种是在主标题下加一个副标题，如“联系学校实际，彻底否定××××——××××学习的初步收获”，主标题是对学习收获的集中概括，副标题是对主标题的补充和说明。这是写学习收获时常用的标题形式；第二种是只用一个标题，一般内容比较充实，如“关于××××学习的初步收获”。

2. 正文

正文是学习收获的主要部分。正文由开头和主体两部分组成。

（1）开头

开头部分一般要写的内容是：为了什么事情而学习了什么内容，领导提出了什么要求，持什么样的学习态度，思想上有了哪些提高和收获。

（2）主体

即收获的具体表现。如果收获的具体表现有若干条或表现在几个方面，需要按照它们的主次关系先后排列起来。如果在收获中只写一点，那么在主体开头用一句话概括地提出来就可以了。但是，不管是写一点收获还是写几点收获，这一点或几点中的每一点都应是个论点。每个论点下面都要有具体、生动的材料来说明它。在说明时可适当地用事实分析阐述。

3. 落款

落款，即作者的单位名称、职务、姓名及日期。这部分可以写在标题下第一行中间，也可以写在正文右下方。

7.9.2 学习收获范文模板

关于××××培训的学习收获

经过××天的学习，我想我们每一位学员都有不同的收获。对于我个人，我认为这次培训的举办非常有意义，非常有必要，因为它不仅让我学到了更多的理论知识，而且让我开阔了视野，解放了思想，打动了内心。无论是从听课到交谈，还是从所听到所闻，每时每刻、每一堂课，都让我有所感动和收获。加之与来自不同县市区、不同工作岗位的同学们聚集一堂，相互交流借鉴工作经验、思路方法，较全面地提高了自己的理论水平和工作能力。以下是这些天的几点收获：

一、在不同地域的学习，开阔了我的视野

这一次培训给了我们接受高端教育的机会，让我们开阔了眼界，丰富了知识，打开了思路，不仅对本地有了更加深入的认识，也对开放先进的城市有了进一步的了解。

对××××的考察，让我有很大的感触……

对××××的参观，让我们感受了……

二、多种形式的学习，提高了我的理论水平

作为一名年轻的基层干部，我有一定的理论知识和工作经验，但这些知识和经验既不够系统也不够丰富。通过老师深入浅出的讲授，我感觉豁然开朗，许多问题从理论上找到了依据，感觉收获很大。通过系统地学习……

三、前辈的座谈，让我找准了差距

在与两位乡镇党委书记的座谈过程中，我学到了作为一名年轻的基层领导干部应……

四、对案例的分析，让我警醒了自己

培训第××天×××老师给了我们一个具体的符合我们当前身份的虚拟人物——×××，通过××××这个故事，让我们认识了……

通过对案例的分析，让我们以旁观者的身份认清了问题的本质所在，也让我们看到……

结合这几天老师所讲的内容，我总结出了干好工作应具备的三种能力：一是……二是……三是……

这次培训无论是课堂学习还是参观考察，无论是师生互动还是所见所闻，都让我从各个角度获得了知识，感谢××××给了我们年轻干部这次学习、锻炼的机会。今后，我将尽自己所能把所学到的知识运用到实际工作中，保证在政治、思想、组织纪律、工作上始终保持一个共产党员的先进性，完成好组织交给的每一项工作。如上是我对这次培训学习的几点肤浅的收获，如有不当请领导批评指正。

×××

××××年××月××日

7.9.3 学习收获写作的注意事项

学习收获的写作方法比较灵活，不拘一格，多采用夹叙夹议、叙议结合的表达方法进行写作。

写学习收获之前，一定要先明确写作目的，根据写作目的选择材料，安排结构。

写学习收获要选择好叙述的人称。这一点事先要考虑好。可以用第一人称，也可以用第三人称。用第一人称叙述，是以个人或集体的名义去总结学习收获；用第三人称叙述，是作为第三者站在旁观者的立场上总结别人的学习收获。用第一人称时，由于是自己写自己的学习收获，口气要谦虚；用第三人称时，由于是介绍别人的情况，必要时可以用些赞扬的语句，表明作者的支持态度。

第8章 祝贺致辞类文书写作

祝贺致辞类文书是国家机关、企事业单位、人民团体之间，用于祝贺、慰问的事务文书。祝词、贺词、喜报是对喜庆之事表示热烈祝贺的文书；欢迎词、欢送词是主人的致辞；答谢词是客人向主人表达感谢的致辞。

8.1 祝　词

祝词也作祝辞，是指在喜庆活动中表示祝贺的言辞或文章。它是日常应用文写作中常用的文体之一。

祝词适用的范围十分广泛。祝词依据其祝颂对象、场合的不同，大体上可分为事业祝词、寿诞祝词和祝酒词。事业祝词是较常用的一种祝词，多见于祝贺会议开幕、剪彩、工程竣工、新的一年开始及某社团或机构创办纪念日等。寿诞祝词的对象主要是老年人。在招待宾客的宴会上，主人和客人都要致祝酒词。

8.1.1 祝词的格式、写法

祝词一般由标题、称谓、正文、落款四部分组成。

1. 标题

祝词的标题写在正文上方。如果是事业祝词，可写“给××××的祝词”“在××××典礼上的祝词”；如果是寿诞祝词，可写“给×××的祝寿词”；如果是祝酒词，可写“×××在××××宴会上的祝酒词”。

2. 称谓

称谓在标题之下第一行顶格书写，以示尊重。对人的称谓按照书信写作的要求来写，祝贺对象为单位或团体的，直呼单位或团体名称即可，要注意称谓的先后顺序和亲切感。

3. 正文

正文是祝词的核心。这部分写法比较灵活，针对不同的祝贺对象、不同的祝贺动机，写出相应的祝贺内容。但总体来说，都应包含下面几层意思：首先应向祝贺对象表示祝贺、感谢或问候，或者说明写祝词的理由或原因；其次对已做出的成就进行适当评价或指出其意义；再次写表示祝愿、希望、祝贺之语，也可以给祝贺对象以鼓励；最后常用一句礼节性的祝颂语结束全文。

4. 落款

在正文的右下方署发文单位名称或个人姓名，以及发文的日期。如果在标题下方已注明，此处可省略。

8.1.2 祝词范文模板

范文模板一：

祝　　词

今天，××××荣幸地迎来了参加××××工作会议的各位贵宾。在此，我代表××××、××××，对××××工作会议的召开表示祝贺，向莅临我市的各位领导和各位来宾表示衷心的感谢和热烈的欢迎！

“天意怜幽草，人间重晚情”。随着人口老龄化脚步的加快，离退休人员社会化管理服务工作成为社会关注的热点。近年来，××××离退休人员社会化管理服务工作，按照××××的指示精神，从有利于加强对离退休人员的管理服务，有利于发挥退管组织作用，有利于帮助解决离退休人员实际问题和困难出发，坚持以××××为中心，以××××为主线，以××××为指导思想，通过积极探索和大胆实践，走出了一条离退休人员社会化管理服务工作的新路子。

…………

最后，预祝本次大会圆满成功，达到预期目标！

祝愿与会同志身体健康，工作顺利，万事如意！

××××

××××年××月××日

范文模板二：

祝　寿　词

尊敬的各位来宾，各位亲朋好友：

大家好！

春秋迭易，岁月轮回，××年风风雨雨，××载生活沧桑，不知不觉中迎来了×××的××寿辰。

在这个吉星高照、高朋满座、寿星安康的日子里，请允许我代表各位来宾、亲朋好友向×××送上最真诚、最温馨的祝福：祝×××生日快乐！祝愿老人家增福增寿增富贵，添光添彩添吉祥！

×××在人生的旅程中……

×××一生中积累的最大财富是他那勤劳善良的朴素品格，他那宽厚待人的处世之道，他那严爱有加的朴实家风。这一切，伴随他经历了坎坷的岁月，更伴随他迎来了今天晚年生活的幸福。

最后还是让我们献上最衷心的祝愿，祝福老人家生活之树长青，生命之水长流，寿诞快乐，春辉永绽！

祝福在座的所有来宾身体健康、工作顺利、合家欢乐、万事如意！

谢谢大家！

×××

××××年××月××日

范文模板三：

祝 酒 词

尊敬的各位首长，战友们：

大家晚上好！

金秋逢盛事，举国庆佳节！在××××到来之际，×××一行带着××××的关怀，与我们共度佳节，体现了××××对我们的厚爱和关心，让我们以最热烈的掌声欢迎××××的到来！

××××磅礴，××××孕秀！在这××××的时代，我们将以……做出新的、更大的贡献！

且持梦笔抒奇景，日破云涛万里红！在这美好的时刻，我代表××××，向××××，向××××致以最诚挚的节日问候，祝你们工作顺利，身体安康，家庭幸福！我提议，让我们共同举杯，为了我们的美好未来，为了××××的蒸蒸日上，更为了祖国的繁荣昌盛——干杯！

××××

××××年××月××日

8.1.3 祝词写作的注意事项

祝词是向对方表示祝贺、庆祝的文体，所以感情要热烈直率，语言要明快流畅。

祝词要短小精悍，篇幅不宜过长，尤其是祝酒词更应简短。

祝词应该做到主旨鲜明、集中，感情真挚、热烈，语言平实、得体，富于感染性、启示性和鼓动性。

8.2 贺 词

在某种场合，贺词与祝词可以互用，均用以祝贺喜庆之事。贺词种类繁多，在不同的场合和节日要使用不同的贺词，如新年贺词、贺信、新婚贺词、升学贺词等。下面将主要介绍三类贺词的格式、写法，对于其他类型贺词的格式、写法，读者可触类旁通。

8.2.1　贺词的格式、写法

不同类型的贺词，格式、写法略有差异。

1. 新年贺词

新年贺词是中国人在新春佳节时对自己的亲朋好友致以美好的祝福及表达关切之意的应用文体。新年贺词种类繁多，在不同的场合有不同的新年贺词，可用来祝福长辈、祝福儿女、祝福同学、祝福朋友等。新年贺词的篇幅可长可短。

新年贺词一般由标题、称谓和正文三部分组成。标题一般为“××××年新年贺词”。称谓应根据具体情况选择合适的表达。正文由开头、主体和结语三部分组成。开头部分必须有祝贺的文字内容，即首先表示对对方的祝贺。主体部分对他人一年的工作成就等予以赞扬，表达自己的愿望。结语部分为祝贺语。

2. 贺信、贺电

以函件形式送达的贺词通常称作贺信，借助电报发出的贺词通常称作贺电。

贺信（电）是日常应用文写作中常用的文体之一，是指党政机关、企事业单位、人民团体或个人向其他取得重大成绩、做出卓越贡献的集体、单位或个人表示祝贺，或者对重要的会议、节日等表示祝贺的一种礼仪性专用书信。

贺信（电）是从古代祝词中演变而来的，到今天，贺信（电）已成为表彰、赞扬、庆贺对方在某个方面所做贡献的一种常用形式，如上级祝贺下级工作取得成绩的贺信（电），下级向上级表达对完成任务的信心和决心的贺信（电），平级之间祝贺取得工作成绩的贺信（电），国家之间的贺信（电），个人用于祝贺亲朋好友迎来重要节日、重大喜事等的贺信（电）。此外，它还兼有表示慰问和赞扬的功能。

贺信多是以政府部门、企事业单位或首脑人物、代表人物的名义发给有关单位、集体、个人的。贺电可以直接发给对方，也可以通过报纸或广播发布。

贺信（电）通常由标题、称谓、正文、落款四部分组成。

（1）标题

贺信（电）的标题有如下形式：第一种，以文种为标题；第二种，以祝贺者加文种或祝贺对象加文种为标题，如“××××局贺信”“致××××的贺信”；第三种，以祝贺者加祝贺对象加文种为标题，如“× ×××致××××公司的贺信”；第四种，只写祝贺事由，如“祝贺中国女排夺得2019年女排世界杯冠军”。

（2）称谓

标题下一行顶格书写受文单位名称或个人姓名，后缀职务、职称或“先生”“女士”“小姐”。如果是祝贺会议顺利开闭幕则写会议名称。称谓后边加上冒号。

（3）正文

正文是贺信（电）的具体内容，由开头、主体、结尾三部分组成。

开头部分用简练的语言写明祝贺事由，并表示祝贺，如“值此……之际，谨代表……向……表示热烈祝贺”。主体部分根据受文对象的不同，内容与措辞要有所区别。如果是祝贺对方取得了突出成绩，在主体部分一般要充分肯定和热情颂扬对方所取得的成绩，述评取得成绩的原因及意义，表示向对方学习，或提出希望；如果是祝贺会议顺利开闭幕，主体部分则侧重说明会议召开的重要意义和深远影响；如果是祝贺领导履新，主体部分就要侧重祝愿对方在任期内取得新的成就，并祝愿双方的友谊进一步加强；如果是祝贺寿辰，主体部分则应精练地说明受文对象的突出贡献和高贵品质，表示热烈祝贺和赞扬。结尾部分一般表示殷切的希望、热情的祝愿等。

（4）落款

在正文的右下方写明发出贺信（电）的单位名称或个人姓名。署名下方写明发出贺信（电）的日期。

3. 新婚贺词

新婚贺词是指在新人结婚时表达对新人祝福的文书。

新婚贺词一般由标题、称谓、正文、落款四部分组成。

（1）标题

第一行写标题“新婚贺词”四个字。

（2）称谓

换行顶格写新人的名字，如“×××兄、×××妹”。

（3）正文

先概述新郎和新娘的个人情况，还可以简述新人相识、相恋、相爱到结婚的过程，重点是祝福和吉祥的话语或是对新人的希望。最后以简洁、热烈的祝福语结尾。

（4）落款

在正文右下方写发文人的名字。署名之下一行写具体的日期。

8.2.2　贺词范文模板

范文模板一：

××××年新春贺词

亲爱的×××、×××、×××：

在××××年新春佳节即将到来之际，我谨代表××××向长期关心、支持××××建设和发展的朋友们、同志们致以新春的祝贺、亲切的问候和至深的祝福！

过去的一年，在××××正确路线指引下，在上级党委、政府和主管部门的领导下，在××××的大力支持和切实帮助下，××××艰苦奋斗，团结拼搏，克服困难，坚持××××方向，在××××、××××、××××和××××等各个方面都取得了持续、稳定、协调的发展。在××××的征途上，我们又迈出了可喜的一步。

回顾过去，坚定必胜信心；展望未来，仍需努力奋斗。新的一年将是××××的一年，我们深感历史责任之重大、任务之艰巨。我们将认真学习贯彻××××精神，按中央和省委的部署制定××××，进一步××××，为××××立足、发展，竭尽全力。

…… ……

让我们只争朝夕，不负韶华，共同迎接××××年的到来。

祝大家新春愉快，身体健康，家庭幸福，工作顺利，事业兴旺！

××××：×××

××××年××月××日

范文模板二：

贺　　信

××××报社：

值此××××报创刊20周年之际，谨向报社全体同志表示热烈的祝贺！

××××报创办20年来，你们辛勤耕耘，自主创新，日益壮大，与时代同行，和百姓同心，报纸办得有声有色，精彩纷呈，深受读者喜爱，报社的各项事业蓬勃发展，红红火火，蒸蒸日上，走在前列。

希望以20周年报庆为契机，不断开拓进取，实现科学发展，坚持“三贴近”，扩大影响力，办出新水平，为繁荣我市的新闻出版事业做出更大的贡献！

中共××市委宣传部

××××年××月××日

范文模板三：

新婚贺词

×××兄、×××妹：

值此二位新婚之际，请接受我及全家美好的祝愿！祝福你们花好月圆，新婚愉快！

你们在爱情的道路上，虽经历了不少风雨，但你们的心是相通的，理想是一致的。如今结为连理，真是良缘佳偶，美好的一双。

婚后，希望你们二人更加珍惜对方的感情，挚爱如初，生活上互相帮助，工作上互相鼓励和支持，手挽手，心连心，恩恩爱爱，共同进步，白头偕老。

祝你们幸福！

×××

××××年××月×日

8.2.3　贺词写作的注意事项

贺词要写得感情饱满充沛，冷冰冰的陈述、评价是表达不出祝贺者心意的。

贺词内容要真实，贺颂要恰如其分，提出的要求和希望要合乎情理，表示决心要切实可行，不可空发议论，空喊口号。

贺词语言要精练、简洁明快，不堆砌华丽辞藻；篇幅要短小精悍，以表达清楚、明白为前提。

8.3　喜　报

喜报最初是专门传递战争胜利消息的一种文书，具有表扬先进，鼓舞斗志的作用。到现在，各机关、团体、单位等取得了新的成绩、胜利，需要向上级或本单位的群众汇报或报告，便用喜报这种应用文体来传达。

喜报的种类包括生产喜报、立功喜报、学习喜报等。

一个生产单位在一个时间段内完成或提前完成生产任务，取得显著成绩，可以写个喜报，这就叫生产喜报。这种喜报同报捷书不同，生产喜报的内容更概括，文字更简练。

解放军战士在某次战斗中或某项军事训练中表现好，受到表扬，可以给其家庭寄一份喜报。部队称这种喜报为立功喜报。

某个人在某个阶段的学习中，成绩优异，获得某种光荣称号，学校或领导为表彰先进，向其家长或原所在单位领导报喜时，可用学习喜报。

8.3.1　喜报的格式、写法

喜报一般由标题、称谓、正文、落款四部分组成。

1. 标题

一般在第一行正中用较大字体写“喜报”字样。

2. 称谓

另起一行，顶格书写受文单位名称或个人职务、姓名。在个人姓名后可加上“同志”“先生”“女士”等恰当称谓。在称谓后加上冒号。若是用于在单位内部使相关人员、部门知晓喜讯，为了简化行文资料，有时也会省略受文者称谓。

3. 正文

喜报的正文主要写获得的成就、取得成就的原因、今后的设想和打算等。喜报的正文一般较为简洁。如生产喜报只需写明取得了哪些成绩，说明取得成绩的原因，表明继续努力、不断前进的决心。而立功喜报则只需写明某人在某项工作或某次战斗中取得了哪些成绩，获得了哪种荣誉。喜报的结语通常另起一行，空两格写“特此报喜”。

4. 落款

在喜报正文的右下方标注发文单位名称或个人职务、姓名等。在署名下书写发文日期。

8.3.2 喜报范文模板

喜　报

××市人民政府领导同志：

××届×中全会以来，在市人民政府的正确领导下，我厂的各项工作一年比一年好。三年来我们共为国家节约原煤××××吨，发电量增加××××%。安全生产水平也不断提高，截至今年第三季度，已连续安全运行××××天，在全国××××万千瓦以上容量电厂中居于领先地位。特向市人民政府领导报喜！

今后我们一定继续做好各项工作，多节煤，多发电，为现代化建设多做贡献！

××市热电厂

××××年××月××日

8.3.3 喜报写作的注意事项

喜报要严格做到实事求是，不要夸大成绩，也不要过分谦虚，要避免材料失实。行文应力求简明。

8.4　欢迎词

中国有句古话："有朋自远方来，不亦乐乎。"欢迎词即指客人光临时，主人为表示热烈的欢迎，在座谈会、宴会、酒会等场合发表的热情友好的讲话。

本节所涉及的欢迎词是指在较庄重的公共事务中使用、事先准备好的得体的书面稿，文字措辞上的要求较非正式场合下使用的欢迎词更为正式和严格。

8.4.1　欢迎词的格式、写法

欢迎词一般由标题、称谓、正文三部分组成。

1. 标题

欢迎词的标题一般有三种写法：第一种，直接以文种命名，即"欢迎词"；第二种，由活动内容和文种构成，如"在××××学术讨论会上的欢迎词"；第三种，由致辞者、活动内容和文种构成，如"×××在××××欢迎宴会上的致辞"。

2. 称谓

称谓要求在标题下面顶格书写。

3. 正文

欢迎词的正文一般由开头、主体、结尾三部分组成。

（1）开头

开头通常应说明现场举行的是何种欢迎仪式，发言者代表什么人，向哪些来宾表示欢迎。

（2）主体

主体一般要阐述和回顾宾主双方在共同的领域所持的共同的立场、观点、目标 、原则等内容，较具体地介绍来宾在各方面的成就及在某些方面做出的突出贡献，同时要指出来宾本次到访或光临对增加宾主友谊及合作交流所具有的现实意义和历史意义。

（3）结尾

通常，在欢迎词结尾处应再次向来宾表示欢迎，并表达自己对今后合作的良好祝愿。节庆活动欢迎词正文的结尾部分，一般用简洁的句子祝愿活动圆满成功，或者祝愿来宾生活愉快，并另起段落以“谢谢大家！”“谢谢各位！”这样的礼仪结语结束全文。

8.4.2 欢迎词范文模板

××××厂建厂××周年厂庆活动欢迎词

女士们、先生们：

值此××××厂建厂××周年厂庆之际，请允许我代表××××厂，向远道而来的贵宾们表示热烈的欢迎。

朋友们不顾路途遥远专程前来贺喜并洽谈贸易合作事宜，为我厂建厂××周年厂庆更添了一份热烈和祥和，我由衷地感到高兴，并对朋友们为增进双方友好关系做出努力的行动表示诚挚的谢意！

今天在座的各位来宾中，有许多是我们的老朋友，我们之间有着良好的合作关系。我厂建厂××年能取得今天的成绩，离不开老朋友们的真诚合作和大力支持。对此，我们表示由衷的钦佩和感谢。同时，我们也为能有幸结识来自全国各地的新朋友感到十分高兴。在此，我再次向新朋友们表示热烈欢迎，并希望能与新朋友们密切协作，发展相互间的友好合作关系。

“有朋自远方来，不亦乐乎。”在此新朋老友相会之际，我提议：

为今后我们之间的进一步合作，

为我们之间日益增进的友谊，

为朋友们的健康幸福，

干杯！

8.4.3 欢迎词写作的注意事项

欢迎词的称谓要用尊称，感情要真挚，要能得体地表达自己的原则和立场。

欢迎词从应用上讲，是现场当面向宾客口头表达的，所以口语化是欢迎词文字上的必然要求，在遣词造句上要运用生活化的语言，做到既简洁又富有生活的情趣。同时，口语化会拉近主人同来宾的关系。

欢迎词的措辞要慎重，勿信口开河，同时要注意尊重对方的风俗习惯，应避开对方的忌讳，以免发生误会。

欢迎词一般是一种礼节性的外交或公关辞令，篇幅宜短小精悍，不必长篇大论。

8.5　欢送词

在一些会议或重大庆典、参观访问活动等结束时，为表达对宾客的欢送之意、依依惜别之情，主人所发表的讲话即为欢送词。

8.5.1　欢送词的格式、写法

欢送词一般由标题、称谓、正文三部分组成。

1. 标题

欢送词的标题一般有三种写法：第一种，直接以文种命名，即“欢送词”；第二种，由活动内容和“讲话”或“致辞”共同构成，如“在××××讨论会结束时的致辞”；第三种，由致辞者和活动内容构成，如“×××在××× ×上的致辞”。

2. 称谓

称谓要在标题下一行顶格书写。

3. 正文

欢送词的正文一般由开头、主体、结尾三部分组成。

（1）开头

开头部分通常应说明此时在举行何种欢送仪式，发言者代表什么人，向哪些宾客表示欢送。

（2）主体

主体部分回顾和阐述双方在合作或交流期间在哪些问题和项目上达成了一致的意见、取得了哪些有突破性的进展，陈述本次活动中双方的合作和交流给双方所带来的益处，阐述其深远的历史意义。对于私人欢送词还应注意表达双方在合作共事期间彼此友谊的加深及分别之后的想念之情。若为朋友送行，还要加上一些勉励的话。

（3）结尾

通常，在欢送词结尾处再次向宾客表示真挚的欢送之情，并表达期待再次合作的心愿。私人欢送词尤其要表达希望早日再聚的惜别之情。

8.5.2 欢送词范文模板

欢　送　词

尊敬的女士们、先生们：

首先，我代表××××，对你们访问的圆满成功表示热烈的祝贺。

明天，你们就要离开××××了，在即将分别的时刻，我们的心中依依不舍。大家相处的时间是短暂的，但我们之间的友好情谊是长久的。我国有句古语：“来日方长，后会有期。”我们欢迎各位女士、先生在方便的时候再次来××××作客，相信我们的友谊会日益加强。

祝大家一路顺风，万事如意！

8.5.3 欢送词写作的注意事项

欢送词要表达对方远行之际的依依惜别之情，尤其是在与公共事务有关的交往中，更应把握好分别时所用言辞的分寸。格调也不要太低沉，要做到以情动人，措辞要注意礼节礼貌，委婉含蓄，力求营造一个友好、亲切、轻松的气氛。

欢送词的口语性很强，遣词造句应该注意使用生活化的语言，使送别既富有情趣又自然得体。

8.6 答谢词

自古以来，中华民族就提倡“礼尚往来”“来而不往非礼也”，于是在人际交往中便有了“谢”的言行：或揖拳，或鞠躬，或以言辞道谢，或以纸笔作书（写成谢函、谢帖、感谢信）。倘若在庄重的场合，那便要致答谢词了。

答谢词，指特定的场合，主人致欢迎词或欢送词后，客人所发表的对主人的热情接待和关照表示谢意的讲话，也指客人在举行必要的答谢活动中所发表的感谢主人的盛情款待的讲话。有些在答谢宴上发表的祝酒词，也兼有答谢词的属性。

8.6.1　答谢词的格式、写法

答谢词一般由标题、称谓、正文三部分组成。

1. 标题

答谢词一般有三种写法：第一种，在第一行居中的位置写上“答谢词”；第二种，由致辞者、事由和文种构成，如“×××在××××宴会上的答谢词”；第三种，先由一句提炼出的主题词、句做主标题，再用第二种写法写副标题。

2. 称谓

另起一行顶格写受文者的姓名、头衔，既可以是广泛对象，也可以是具体对象。称谓后加上冒号。

3. 正文

首先，对主人的盛情表示感谢，并对对方的优秀之处予以肯定，表达出自己的荣幸与激动。这是答谢词的写作重点。其次，要对对方的情况做较详细的介绍，以示尊重。再次，应提出希望与之进一步发展友好关系的愿望。最后，再一次用简短的语言表示感谢。

8.6.2　答谢词范文模板

长城不再是一道隔离墙

——美国总统尼克松在访华答谢宴会上的祝酒词

（1972年2月25日）

总理先生，中华人民共和国和美利坚合众国的我们十分尊贵的客人们：

能有机会在贵国做客期间欢迎你和今晚在座的诸位中国客人，我们感到十分荣幸。

我要代表尼克松夫人和同行的全体正式成员，对你们给予我们的无限盛情的款待，表示深切的感谢。

大家知道，按照我国的习惯，我们的新闻界人士有权代表他们自己讲话，而政府中的人谁也不能代表他们讲话。但是我相信，今晚在座的全体美国新闻界人士都会授予我这一少有的特权来代表他们感谢你和贵国政府给予他们的种种礼遇。

你们已使全世界空前之多的人们得以读到、看到、听到这一历史性访问的情景。

昨天，我们同几亿电视观众一起，看到了名副其实的世界奇迹之一——中国的长城。当我在城墙上漫步时，我想到为了建筑这座城墙而付出的牺牲；我想到它所显示的在悠久的历史上始终保持独立的中国人民的决心；我想到这样一个事实，那就是，长城告诉我们，中国有伟大的历史，建造这个世界奇迹的人民也有伟大的未来。

长城已不再是一道把中国和世界其他地区隔开的城墙。但是，它使我想起，世界上仍然存在着许多把各个国家和人民隔开的城墙。

长城还使我想起，在几乎一代的岁月里，中华人民共和国和美国之间存在着一道城墙。

四天以来，我们已经开始了拆除我们之间这座城墙的长期过程。我们开始会谈时就承认我们之间有巨大的分歧，但是我们决心不让这些分歧阻碍我们和平相处。

你们深信你们的制度，我们同样深信我们的制度。我们在这里聚会，并不是由于我们有共同的信仰，而是由于我们有共同的利益和共同的希望，我们每一方都有这样的利益，就是维护我们的独立和我们人民的安全；我们每一方都有这样的希望，就是建立一种新的世界秩序，具有不同制度和不同价值标准的国家和人民可以在其中和平相处，互有分歧但互相尊重，让历史而不是让战场对他们的不同思想做判断。

总理先生，你已注意到送我们到这里来的飞机名为“七六年精神号”。就在这个星期，我们美国庆祝了我们的国父乔治·华盛顿的生日，是他领导美国在我们的革命中取得了独立，并担任了我们的第一届总统。

在他任期届满时，他用下面的话向他的同胞告别：“对一切国家恪守信用和正义。同所有的人和平与和睦相处。”

就是本着这种精神——七六年精神，我请大家站起来和我一起举杯，为毛主席，为周总理，为我们两国人民，为我们孩子们的希望，即我们这一代能给他们留下和平与和睦的遗产，干杯！

8.6.3 答谢词写作的注意事项

答谢词所表述的主要是“己见”，但是当自己的答谢处于对方的欢迎词或欢送词之后时，最好能将对方的意见引述过来，融入自己的意见之中。这样做，不仅可以丰富致辞的内涵，而且可以巧妙地融洽双方关系，增强和悦气氛。

撰写答谢词时，对于敏感性问题，应尽量回避，而对于回避不掉的矛盾与分歧，也应以坦诚的态度、温和的口吻、委婉的言辞做出恰当得体的表达，要谨防出言不逊或不慎而伤害了对方的感情。

答谢词中应少讲昔日之“辛酸”，多谈未来之“美好”。

第 9 章

聘邀类文书写作

聘邀类文书是党政机关、企事业单位、人民团体等，为举行某种庆典、招待会、联欢活动，或为某些业务工作向人发出邀请而制作的应用文书。这类文书包括请柬、邀请书、聘请书等。

9.1 请　柬

请柬又称柬帖或请帖，是人们在社会活动和相互交往中，如召开会议、开业、奠基、庆祝等礼仪性活动前，以书面形式通知、邀请参加者的应用文书。

使用请柬，既可以表示对被邀请者的尊重，又可以表示邀请者对此事的郑重态度。

请柬的种类，按其样式分，有单面请柬和双面请柬；按其目的分，有会议请柬、仪式请柬、参展请柬、宴会请柬等。

9.1.1 请柬的格式、写法

请柬一般由标题、称谓、正文、落款四部分组成。

1. 标题

双面请柬封面上印刷或写明“请柬”二字，一般应做些艺术加工，即采用名家书法、字面烫金或加以图案装饰等。而单面请柬，“请柬”二字写在顶端第一行，字体较正文稍大。

2. 称谓

内页或标题下方第一行顶格写明被邀请单位名称或个人姓名，其后加上冒号。个人姓名后要注明职务或职称；如不方便标注职务，应标“×××先生”“×××女士”。

3. 正文

另起一行，前空两格，写明活动的内容、时间、地点及其他应知事项。最后，一般换行空两格写上“敬请参加”“恭请届时光临”等词作结。

4. 落款

正文下面靠右写明发请柬的单位全称或个人的姓名、职务，换行写明发请柬的日期。一般为表示诚意和恭敬，落款的个人姓名由本人亲自书写。

9.1.2　请柬范文模板

范文模板一：

请　　柬

××××总经理：

为庆祝我公司成立30周年，特定于××××年××月××日在本公司大礼堂举办庆祝活动。

敬请光临！

××××公司公关部

××××年××月××日

范文模板二：

结婚请柬

送呈×××台启：

谨定于××××年××月××日（星期×）在××××酒店××楼宴会厅为小儿（小女）×××与×××女士（男士）举办婚典喜筵。

敬请光临。

×××、×××、×××、×××敬邀

××××年××月××日

9.1.3 请柬写作的注意事项

写作请柬时，要保证时间、地点、人名准确无误。写好后要把握好发送时间，一般提前3～5天发送，以便让被邀请者有安排时间的余地。

请柬的文字要简洁明了，三言两语说明问题，切忌重复啰唆，如果需要被邀请者在活动中讲话，也可在请柬中写清讲话的内容和时间要求。

9.2 邀请书

邀请书，是党政机关、企事业单位、人民团体或个人为了增进友谊、发展业务，邀请客人参加典礼、出席会议、观看演出等的专用文书。

邀请书使用广泛。可以说，上至国家机关，下至基层组织、企事业单位、人民团体都可能使用邀请书。而且，邀请书不受级别高低、单位大小的限制，收发者均以平等的身份进行联系。邀请书可做上行文，也可做下行文，但大多数做平行文。

9.2.1 邀请书的格式、写法

邀请书一般由标题、称谓、正文、落款四部分组成。

1．标题

邀请书的标题一般有两种形式：第一种，直接以文种为标题，如“邀请书”“邀请信”；第二种，由发文缘由和文种构成，如“关于出席××××会议的邀请书”。标题居中。

2．称谓

换行顶格写被邀请者的姓名或单位名称。

3. 正文

正文通常要求写出举办活动的内容、活动目的、活动时间、活动地点、活动方式、被邀请者及其所负责的工作等。

活动的各种事宜务必在邀请书中写清楚、周详。如有参观、文艺活动或有礼品赠送，应附上入场券或者领取礼品的赠券。如有宴请，应写明“敬备菲酌”“沏茗候教”等字样，并注明席设何处，以及入座时间。如有特殊的着装要求也应该在正文中写明。如要乘车乘船，应交代路线及有无专人接站等。结尾处要表示希望对方接受邀请、欢迎前来的诚意，一般用“欢迎指导”“敬请光临”“恭请莅临”“请届时光临指导”等表示对被邀请者的恭敬和礼貌。

4. 落款

在正文右下方写邀请单位的名称或个人姓名。单位要加盖公章，个人只需署名。署名之下一行写发出邀请的具体日期。

9.2.2　邀请书范文模板

范文模板一：

邀　请　书

××××大学校长：

今年是我校建校××周年。兹定于××月××日上午××时，在我校大礼堂举行校庆庆典。

敬请光临

××××学校××周年校庆筹备组

××××年××月××日

范文模板二：

邀　请　书

尊敬的×××教授：

我们研究会决定于××××年××月××日在××××宾馆会议厅举办××××报告会。恭请您就××××的现状与发展发表高见。务请拨冗出席。

顺祝

健康！

××省××××研究会

××××年××月××日

联系人：×××

9.2.3 邀请书写作的注意事项

邀请书的语言要有尊敬之意，用词一定要礼貌。

被邀请者的姓名应写全，不应写绰号或别名。在两个姓名之间应该写上“暨”或“和”，不用顿号或逗号隔开。

邀请书务必事项周详，各项事宜一定要在邀请书上写明，使被邀请者有备而来，减少意想不到的麻烦。

邀请书应写明举办活动的具体日期。

邀请书要提前发送。

9.3 聘请书

聘请书，简称聘书，是用于聘请某些有专业特长或名望权威的人完成某项任务或担任某种职务的应用文体。

聘请书的作用很大，它既加强了受聘者的责任感、荣誉感，又促进了人才交流。因为聘请书是出于对受聘者极大的信任和尊重才发出的，这无形中就增强了受聘者的责任感。同时，受聘者往往是在某方面有专长或能做出特殊贡献的人，所以聘请书的发出也就促进了人才交流，可以较充分地发挥受聘者的聪明才智。

9.3.1　聘请书的格式、写法

聘请书一般已按照书信格式印制好，发文者只需填写中心内容即可。完整的聘请书一般由标题、称谓、正文、落款四部分组成。

1. 标题

已印制好的聘请书，标题常用烫金或大写的“聘书”或“聘请书”字样。手写的聘书往往在正中写上“聘书”或“聘请书”字样，有的聘书也可以不写标题。

2. 称谓

印制好的聘请书大都在第一行空两格写“兹聘请×××……”。常见的手写聘请书在开头顶格写受聘者的姓名、称谓，然后再加上冒号，也可以不写称谓，直接在正文中写明受聘者的姓名、称谓。

3. 正文

正文是聘请书的核心内容。一般要求包括以下一些内容：首先，交代聘请的原因和聘请后负责的工作或担任的职务；其次，写明聘任期限，如“聘期两年”“聘期自××××年××月××日至××××年××月××日”；再次，写明聘任待遇；最后，写上对受聘者的希望，并写一些结束用语，如“此致敬礼”“此聘”等。

不过，聘任期限、聘任待遇和希望可直接写在聘书上，也可另附详尽的聘约或公函写明，这要视情况而定。

4. 落款

落款，即在正文的右下方署上发文机关全称，另起一行署上机关领导的姓名、职务，再另起一行署上发文日期。聘请书是以单位名义发出的，所以一定得加盖公章，领导也要签字，方视为有效。

9.3.2 聘请书范文模板

聘 请 书

为提高科研水平，我院成立了科研项目评估委员会，特聘请×××教授为该委员会学术顾问，指导我院的科研工作。

此致

敬礼！

××市社会科学院（盖章）

院长：×××（签字）

××××年××月××日

9.3.3 聘请书写作的注意事项

写聘请书之前，聘请单位与受聘者之间应充分交流、协商，就有关内容达成协议后，方能写成文字。内容要交代清楚，文字要简洁。

在写聘请书时对聘请原因、聘请对象、聘请目的一定要交代清楚。特别是对于被聘请者要负责什么工作，一定要有所交代。

聘请书一般要短小精悍，不可篇幅太长，语言要简洁明了、准确流畅，态度要谦虚诚恳。

第 10 章
哀悼类文书写作

哀悼类文书是党政机关、企事业单位、人民团体或个人向社会公众报告某人去世的消息或对某人去世表示哀悼的文书。常用的有讣告、悼词、唁电、逝者生平等。

10.1 讣　告

讣告，又叫讣文、讣闻，是逝者所属单位组织的治丧委员会或者家属向其亲友、同事、社会公众报告逝者去世的消息的应用文体。

讣告的写法，根据不同情况，通常有三种：

第一种，向重要亲戚报丧，一般的做法是寄（送）发讣帖。讣帖的内容要严肃、简单，说明逝者的死因、逝世时间、治丧地址和治丧时间，以便受文者安排吊丧事宜。

第二种，向一般亲友和街坊邻里报丧，通常是贴出讣闻，有些地方叫哀告或哀启，一般用白纸书写，白纸四周打上黑框。

第三种，若逝者生前交游甚广，外地朋友很多，向这些逝者的友人报丧时，除大量分寄讣闻外，亦可采取在媒体上刊登讣告的形式。

10.1.1　讣告的格式、写法

讣告一般有三种形式：一般式讣告、简便式讣告和公告式讣告。讣告的写法，一般以简单明了、通俗易懂为原则。

1. 一般式讣告

这种讣告是人们常用的讣告，一般由标题、正文、落款三部分组成。

（1）标题

在开头一行中间写“讣告”字样，或在“讣告”前冠上逝者的姓名，即“×××讣告”。字体要大于正文的字体。

（2）正文

首先写明逝者的姓名、身份、民族、因何逝世、逝世时间、逝世地点、终年岁数；其次简单介绍逝者生平，着重简略介绍逝者生前具有代表性的经历，这部分内容可略；最后通知吊唁，写明开追悼会的时间、地点。

（3）落款

署发讣告的个人或团体、单位的名称及发文日期。

2. 简便式讣告

这种讣告作为一则消息在媒体上公布，旨在让社会各界人士知道。这种讣告的内容和形式与一般式讣告相同。

3. 公告式讣告

这种讣告较为隆重、庄严，一般用于党和国家领导人或国内的重要人物、有较大影响力的人士。它是由党和国家机关、团体做出决定发出的。

公告式讣告一般由标题、正文、落款三部分组成。

（1）标题

标出发讣告的单位名称和逝者的姓名，如“×××同志逝世”，或直接标明文种“讣告”。

（2）正文

公布逝者的相关消息。包括逝者的职务、姓名，逝世原因、时间、地点，终年岁数，逝者生平和对逝者的评价，以及对逝者表示哀悼。

（3）落款。

署明发文单位名称或个人姓名，并写明发文日期。

10.1.2 讣告范文模板

范文模板一：

讣　　告

原××市政协委员×××同志因病医治无效，不幸于××××年××月××日××时××分在××市逝世，终年××岁。今定于××××年××月××日××时在××××火葬场火化，并遵×××先生遗愿，一切从简。

特此讣告。

政协××市委员会
××××年××月××日

范文模板二：

×××同志逝世

××市××××公司总经理、党委副书记×××同志因病于××××年××月××日逝世，终年××岁。×××同志××××年××月参加工作，××××年××月……历任……

×××同志治丧委员会
××××年××月××日

范文模板三：

讣　　闻

先父×××，于××××年××月××日××时××分病逝于××市××路××号，享年××岁。兹定于××月××日下午××时在××××火葬场火化，并举行追悼会。

谨此讣闻。

×××泣告
××××年××月××日

范文模板四：

讣　告

××××厂总务科科长×××同志，因患肺癌，经医治无效，不幸于×× ××年××月××日××时××分在医院逝世，终年××岁。×××同志追悼会将于××月××日下午××时在××××殡仪馆举行。

特此讣告。

×××同志治丧小组
××××年××月××日

10.1.3 讣告写作的注意事项

讣告要在向遗体告别仪式之前发出，以便让逝者的亲友及时做出必要的安排和准备，如准备花圈、挽联等。

讣告的语言要准确、简练、沉痛、严肃。

10.2 悼　词

在追悼大会或遗体告别仪式上，一般会由一定身份的人（或逝者单位负责人，或治丧小组负责人）宣读对逝者表示哀悼的话或文章，表达对逝者的敬意与哀思，并勉励大家学习逝者的优秀品质。这种专门用来表示哀悼的应用文体，即为悼词。

悼词要总结逝者生平，肯定其一生的贡献。人们以此寄托哀思，并通过逝者的业绩激励后来者。如毛泽东同志在追悼张思德同志的追悼会上所致的悼词《为人民服务》，成了激励无数人的不朽篇章，直至今天它还具有很强的现实意义。

悼词既可以写成记叙文或议论文，又可以写成优秀的散文作品，既可以以叙述为主，也可以以议论为主，还可以以抒情为主，同时既有供宣读的形式，又有书面形式。概括来说，悼词要充分肯定逝者对社会的贡献，真诚表达生者对逝者的悼念和敬意，以质朴无华的语言和多种多样的形式激励人化悲痛为力量。

实际上，悼词有广义和狭义之分。广义的悼词指向逝者表示哀悼、缅怀与敬意的一切形式的悼念性文章；狭义的悼词专指在追悼大会上对逝者表示敬意与哀思的宣读式的专用哀悼文书。本节主要介绍追悼大会上宣读体悼词的格式、写法。

10.2.1　悼词的格式、写法

一般来说，悼词没有固定的格式，但宣读体悼词形式却相对固定，这里主要介绍一下宣读体悼词的格式、写法。宣读体悼词一般由标题、正文、落款三部分组成。

1. 标题

标题多直接写文种名，如“悼词”或“悼辞”。但书面发表时，要用“×××同志在×××同志追悼会上的悼词”或“×××同志追悼会悼词”，如“在宋庆龄同志追悼会上的悼词”。

2. 正文

悼词的正文通常由开头、主体、结尾三部分组成。

（1）开头

介绍参加追悼会的人员情况；说明召开或参加此次追悼会的目的，尽可能全面而准确地说明逝者的职务、职称和称谓以示尊重，要注意这些称谓之间的先后顺序；简要地概述逝者的逝世原因、逝世时间、逝世地点，以及终年岁数等。

（2）主体

这是悼词的核心内容，承接开头、缅怀逝者。该部分主要由两方面组成：一是介绍逝者的生平事迹，即对逝者的籍贯、学历及业绩进行集中介绍，应突出逝者对人民、对社会的贡献；二是对逝者的思想、精神、作风、品质、修养等进行综合、恰当的评价，介绍其对他人和社会产生的积极影响，如鼓舞、激励了青年人，为后人树立了榜样等。该部分的介绍可先概括地总结，再具体介绍，也可先具体地介绍，再概括性地总结。

（3）结尾

主要写明生者对逝者的悼念及如何向逝者学习，继承其未竟的事业，化悲痛为力量，为国家、社会做出更大的贡献等内容。如果逝者为英雄人物或级别较高的党政干部，可以写上“永垂不朽”“精神长存”之类的话。悼词的结尾要积极向上，不应该是消极的。

3. 落款

悼词一般在开头就已介绍了参加追悼会的人员情况，所以悼词的最后落款一般只署上成文日期即可。

10.2.2 悼词范文模板

在×××同志追悼会上的悼词

同志们、朋友们：

今天，我们怀着十分沉痛的心情悼念×××同志。

×××同志患肝癌以后，思想乐观，仍坚持工作，同疾病做顽强的斗争，终因病情恶化，医治无效，于××××年××月××日××时在××××医院逝世，终年××岁。

×××同志于××××年在××××参加工作。××××年……历任……×××同志……是一位优秀的……

多年来，×××同志在社会主义革命和社会主义建设中，立场坚定、爱憎分明，认真执行党的各项方针和政策，团结同志，宽以待人，严以律己，自觉遵守党的各项纪律，发挥了先锋模范作用，为革命事业做出了可贵的贡献。

×××同志的一生是革命的一生，是为人民服务的一生。他的逝世，使我们失去了一位好党员、好干部。

我们悼念×××同志，要化悲痛为力量，学习他全心全意为人民服务的精神，坚持原则、大公无私的优良品质，在党的领导下，努力工作，为早日实现我国的××××目标而努力。

××××年××月××日

10.2.3　悼词写作的注意事项

明确写悼词的主要目的是介绍逝者的生平事迹，歌颂逝者生前在革命或建设中的功绩，让人们从中学习逝者好的思想作风，继承逝者的遗志。但是这种歌颂是严肃的，不能夸大、粉饰，要根据事实，做出合理的评价。

写悼词时，语言要简朴、严肃、概括性强。

10.3　唁　电

当亲朋好友的家庭发生了丧事时，倘若因吊唁者与丧家相距较远或因故不能参加治丧或吊唁，应向丧家发出表示哀悼、慰问、吊唁的电话、短信、电报或传真。这类对逝者表示哀悼、对其亲属表示慰问的文体即为唁电。

唁电分为个人唁电、单位唁电、国与国之间发的唁电等。

个人唁电的发文者同逝者生前往往是志同道合的朋友，有过密切交往或深受其教诲、关怀、帮助，在惊闻噩耗后，以唁电表示悼念之情。

单位唁电是领导机关、单位团体向丧家发的唁电。这种唁电的致哀对象多是原机关或单位团体的重要领导人或在革命和建设中曾做出较大贡献的人物。

国与国之间发的唁电，一般发给对方的国家政府机关或其他重要国家政府机关。逝者一般为重要的国家领导人或为两国之间的和睦关系、经济发展做出过巨大贡献的重要人物。

10.3.1　唁电的格式、写法

唁电一般由标题、称谓、正文、落款等四部分组成。

1. 标题

唁电的标题一般直接在第一行正中写“唁电”二字。但以书面形式发表时，要用“致××××的唁电”，如“致许广平女士的唁电”。

2. 称谓

标题下一行顶格写受文单位或逝者家属的称谓。称谓要根据受文者的身份而定，若受文者是逝者家属，应在姓名后边加上“先生”“同志”“夫人”“女士”等。

3. 正文

另起一行空两格书写。首先直抒噩耗传来后的悲恸之情；然后以沉痛的心情简述逝者生前的品德、功绩，激起人们的缅怀、思念之情并表达吊唁者继承逝者遗志的决心和行动；最后向丧家表示亲切的问候、安慰。

唁电结尾，单行写“特电慰问”“肃此电达”等。

4. 落款

落款写在正文的右下方，署拍发唁电者的单位名称或个人姓名，另起一行，在署名下写明发唁电的日期。

10.3.2 唁电范文模板

范文模板一：

致许遐（许广平）女士的唁函

许遐女士：

我是今天下午才得到这个最坏的消息的！无限的难过汹涌在我心头。尤其是一想到几十万青年骤然失去了最受崇敬的导师，觉得非常伤心。我两次到上海，均万分想同他见一次，但为了环境的不许可，只能让我悬想他的病躯，和他扶病力作的不屈精神！现在却传来如此的噩耗，我简直不能述说我的无救的缺憾了……这哀恸真是属于我们大众的，我们只有拼命努力来纪念着这世界上一颗殒落了的巨星，是中国最光荣的一颗巨星！

耀高丘（丁玲）

十月二十日

范文模板二：

周恩来致柯棣华大夫家属唁函

亲爱的朋友：

我谨代表第十八集团军和中国共产党，为柯棣华大夫的逝世，向你们致最深挚的悲悼。柯大夫曾予华北敌后五台区最需帮助的军民以无可比拟的贡献。

柯棣华大夫系于一九三八年受印度国民大会之命，参加其所派遣的印度医院队，去到延安，于一九三九年进入华北游击区。他在华北曾经过许多地方，最后定居于五台区，成为故白求恩大夫事业的承继者，担任国际和平医院院长，直到逝世。他的中国同志都爱他，尊敬他。为了在抗日游击根据地中之最高贵的任务，为了给伤病战士以兄弟般的友爱，他曾救活了许多抵抗日寇侵入自己祖国的战士的生命，还帮助了许多人免于残废。我们受惠于他的极多，使我们永不能忘。

柯大夫曾是中印两大民族友好的象征，是印度人民积极参加反对日本黩武主义和世界法西斯主义的共同战斗的模范。他的名字将永存于他所服务终生的两大民族之间。

我们在全体爱自由的人类的共同损失中，分担你们的悲痛。

谨致热烈的敬礼！

周恩来

10.3.3　唁电写作的注意事项

唁电写作的用词要深沉、质朴、自然，并能体现吊唁者的悲痛悼念之情。忌油腔滑调，滥用修饰词语。

唁电中对逝者生前的品德、情操和功绩的叙述，要实事求是，恰如其分，突出本质。忌本末倒置。

唁电要精练、概括、朴实。忌篇幅过长。

10.4 逝者生平

逝者生平主要记录一个人从出生到死亡的整个过程中所发生的相对重要的事情。逝者生平作为治丧中不可缺少的文体，常常与讣告同时使用。尽管讣告中也要写到逝者的生平事迹，但只是概括性的寥寥几笔，而逝者生平中对逝者的生活道路、革命经历、光辉业绩等应做较为完整、具体的叙述。

10.4.1 逝者生平的格式、写法

逝者生平一般由标题和正文两部分组成。通常采用记叙文的形式，以时间先后为序，抓住逝者生活、工作、思想中的重大转折或变化，重点突出逝者对人民、对国家、对党做出的贡献，以及个人所取得的成绩。逝者生平跟传记差不多，只是文字比传记少。

10.4.2 逝者生平范文模板

×××同志生平

×××同志因病医治无效，于××月××日在××××逝世，享年××岁。

×××同志于××××年参加革命，××××年加入中国共产党。在革命战争年代，他历任××××、××××、××××、××××等职。新中国成立后，他历任××××、××××、××××、××××等职。

×××是××××事业的开拓者。××××年，他和×××建起××××，成功地制造出××××。

×××是一位意志坚强、无私无畏的革命战士。在试制××××中，他舍生忘死，三次身负重伤，仍然忘我工作。

×××也是××××作家。他××××年撰写出版的××××小说《××××》，发行了××多万册，被译为××、××等多种外国文本，在青年人中产生了广泛而深刻的影响。

×××同志忠于党、忠于人民、忠于无产阶级革命事业，无论遇到什么政治风浪，他都始终不渝地坚持共产党人的政治方向和共产主义信仰，从未动摇过对党、对社会主义事业的信念。他为人刚直坦率、光明磊落、廉洁奉公、艰苦朴素。他一贯严格要求自己及其子女，始终保持了××××的本色。

10.4.3　逝者生平写作的注意事项

逝者生平的内容大多很简要，语言讲究准确、庄重。

在写逝者生平时，一定要注意事情发展的先后顺序。

在写逝者生平时，应将重要的事情放大，罗列体现逝者人生意义的事情，或者对他人有特殊意义的事情。如果一篇逝者生平当中没有介绍让人印象深刻的事情，那么这篇逝者生平也就失去了写作的意义。

第11章 书信类文书写作

书信是传达情感与信息的一种文书。根据用途，书信可分为一般书信和专用书信。一般书信，是人们沟通情感、互通信息的一种交际工具。专用书信，是针对特定事务或需要的一种应用文体，如证明信、公开信、介绍信、表扬信、批评信、慰问信、感谢信、申请书、建议书、倡议书、保证书、志愿书、决心书、号召书等。本章主要介绍专用书信的写作。

11.1 证明信

证明信，也可称作证明或证明书，是以党政机关、人民团体、企事业单位或个人的名义凭借确凿的证据证明某人的身份、经历或某件事情的真实情况时所使用的一种专用书信。证明信的作用在于证明，是持有者用以证明自己身份、经历或某事真实性的一种凭证。

具体来讲，证明信适用于下列情况：有些真相模糊不清的历史事实或事件被人歪曲，而当时亲身经历的人写出证明信以澄清事实；在公安机关侦破案件的过程中，当时在场的群众写出证明信，以说明案发时的真实情况；个人在为单位办理某些事项，或个人由于具体情况而必须向单位做出解释说明时，也可以请有关人员出具证明。

证明信可分为组织证明信和个人证明信，前者又可分为普通书写证明信和印刷证明信。

11.1.1　证明信的格式、写法

证明信是一种专用书信，尽管证明信有好几种形式，但它的写法同书信的写法基本一致，它大部分采用书信体的格式。证明信一般由标题、称谓、正文、落款四部分组成。

1. 标题

证明信的标题通常有以下两种构成方式：第一种，直接以文种为标题，一般就是在第一行中间冠以“证明信”“证明”字样；第二种，由事由和文种构成，也是写在第一行中间。如“关于×××同志××××情况（或问题）的证明”。

2. 称谓

第二行顶格写上受文单位名称或受文个人的姓名、称谓，之后加上冒号。

有些供有关人员外出活动证明身份的证明信因没有特定的受文者，开头可以不写受文者称谓，而是在正文前用公文引导词“兹”引起正文内容。

3. 正文

正文要针对对方所要求的要点写，其他无关的不写。若要证明某人的历史问题，则应写清人名、时间、地点及所经历的事情；若要证明某一事件，则应写清参与者的姓名、身份及其在此事件中的地位、作用和事件本身的前因后果，也就是要写清人物和事件的本来面目。正文主体写完后，要另起一行，写上“特此证明”。

4. 落款

写明出具证明的单位或个人署名、日期，单位要加盖公章。

11.1.2　证明信范文模板

范文模板一：

工作经历证明信

兹有×××，身份证号××××，男（女），××××年××月××日出生，系我单位在编（非在编）工作人员，于××××年××月××日至

××××年××月××日在我单位从事××××工作，工作年限已满××年。同意该同志报考你处事业单位招聘岗位。

以上情况属实，否则由此造成的一切后果由本人和单位自愿承担。

单位名称：××××（盖章）

单位主要负责人：×××（签字）

××××年××月××日

范文模板二：

证　明　信

兹有××××学校××××专业×××同学于××××年××月××日至××××年××月××日在××××实习。该同学的实习职位是××××。

该学生实习期间工作认真，在工作中遇到不懂的地方，能够虚心向富有经验的前辈请教，善于思考，能够举一反三。对于别人提出的工作建议，可以虚心听取。在时间紧迫的情况下，加班加点完成任务。能够将在学校所学的知识灵活应用到具体的工作中去，保质保量完成工作任务，同时，该学生严格遵守我公司的各项规章制度，服从实习安排，完成实习任务，尊敬实习单位人员，并能与公司同事和睦相处，与其一同工作的员工都对该学生的表现予以肯定。

特此证明。

单位名称：××××（盖章）

××××年××月××日

范文模板三：

证　　明

××市人事局：

你市×××同志曾于××××年××月至××××年××月在我校××

××系修业×年，成绩合格，获××学位。

特此证明。

××××大学教务处（盖章）

××××年××月××日

11.1.3　证明信写作的注意事项

在写证明信时，态度要严肃认真，实事求是，言之有据。对于被证明的人或事，必须清楚、了解才可以书写。

证明信的语言要十分准确，不得有半点夸饰。要果断明白，不能模棱两可、含糊不清。

对于随身携带的证明信，一般要求在证明信的结尾注明有效时间。

证明信不能用铅笔、红色笔书写，如有涂改，必须在涂改处加盖公章。

11.2　公开信

公开信，顾名思义就是将内容公布于众的信件。可见，公开信就是将不必保密的全部内容公布于众，让大家周知和讨论的信件。

公开信的内容一般具有普遍的教育意义。一封好的公开信，在宣传中会产生较大的影响，它能促进人们积极参与，树立良好的社会风气，指导工作广泛开展和推动活动顺利进行。

11.2.1　公开信的格式、写法

公开信的格式与普通书信基本相同，但不同类型的公开信，其内容与写法却有很大不同。

1. 重大节日活动时针对相关人士的公开信

一般由标题、称谓、正文、落款四部分组成。

（1）标题

这类公开信的标题一般由发公开信的机关名称和发公开信的缘由共同组成。如“共青团中央关于提倡婚事新办给全国共青团员、青年朋友们的一封信”。

（2）称谓

这类公开信的称谓根据发信对象和发信方式的不同，有的写集体的称谓，有的写个人姓名。称谓顶格写，后加上冒号。

（3）正文

称谓后另起一行，空两格写正文。正文内容可分四个层次若干段落。首先，把发文单位的良好祝福带给受文者。其次，真情实意地赞颂受文者的品德、成绩、贡献及其影响，使受文者在这种特殊的气氛下感到受鼓舞和自豪。再次，发文单位进一步提出勉励、希望和要求，使受文者不骄不躁，发扬优势，继续奋斗，为社会和他人做出更大的贡献。最后，以饱满、热烈的感情发出号召，并再次表示真挚的祝福和希望。公开信的结尾一般写一些表示敬意和祝愿的话语。

（4）落款

即在全文结束后，在正文右下方署上发公开信的单位或个人的称谓、姓名，署明发文日期。如果标题中有发文单位名称，落款处可不署名。

2. 针对具体问题的公开信

一般由标题、称谓、正文、落款四部分组成。

（1）标题

这类公开信的标题通常由发文单位、缘由和文种构成，文种有时简略为“一封信 ”，如“××××关于××××给×××的一封信”。有时这类公开信标题也可由受文者和文种构成，如“×××给×××的一封信”。

（2）称谓

称谓要顶格书写，后加上冒号。一般用“同志们”“朋友们”，有的则直接写受文者的单位名称或个人姓名。

（3）正文

正文开头在称谓下一行，空两格后书写。正文内容可分四个层次若干段落。一般来讲，针对某一问题的公开信的正文，首先要说明公开信的发文原因，即针对某一具体问题展开叙述。其次，简略叙述问题存在的一些情况。

如果是针对某一事件，则要说明在什么时间、什么地点、什么人由于什么原因做了什么事，结果如何。如果是针对某一现象，则要指明这是什么现象，有何表现，有什么倾向，有何危害，会造成怎样的结果，以及是什么原因造成的，等等。再次，阐明发文者对这一问题的真实态度。是提倡赞扬，是批评反对，还是提出某种看法主张，要一清二楚地表达出来。最后，提出希望或解决问题的意见及建议。

若公开信是表达提倡、赞扬之意的，则结尾可以写上表示敬意或祝愿的话，如“此致敬礼”等。若公开信是表达对某事的处理方式是看法的，结尾则可写上“妥否请参考”字样。

（4）落款

在正文右下方署上发文单位名称或个人姓名，之后在下一行写上发文日期。如果标题中有发文单位名称，落款处可不署名。

3. 私人信件公开发表的公开信

这类信件的写法同普通书信的写法一样。

如果公开信登在报纸上，为了引起有关读者的注意，可根据信的内容概括出一个准确、醒目的标题，标题前边可冠以署名，标题后边加上“一封信”的字样，如“××××关于××××给×××的一封信”。

11.2.2　公开信范文模板

范文模板一：

致居民的一封公开信

居民朋友们：

你们好！

首先感谢长久以来对社区环境综合治理工作的支持与理解，广大居民是社区环境的建设者、培育者，同时也是受益者，有了你们的支持、理解和参与，才会有整洁的环境。

针对此处乱扔垃圾现象严重、环境卫生较差的问题，社区已多次联系环卫站进行清理。本次清理完毕后，社区将会加强监督管理。但在今后的日常生活中，我们衷心地希望广大居民能够保持良好的作风和生活习惯，从自身做起，增强环保意识，杜绝不文明行为，因此社区居委会向居民朋友们提议：

一、维护社区内外环境，清洁卫生，人人有责，社区居民应自觉遵守，提高环保意识，减少环境污染。

二、生活垃圾应实行袋装化，投放在指定垃圾桶里，不得随意乱丢乱放，特别是不得从空中向地面丢弃垃圾。

三、应尊重环卫工人的劳动成果，不要随地乱扔皮果壳、纸屑和其他杂物，不得乱倒垃圾、乱泼污水。

四、为保证居民生活安定、环境清洁卫生，减少疾病发生，社区内禁养一切家禽、家畜。

让我们齐心协力，全民行动，从整治环境、保护环境开始，以身作则，从小事做起，从每个家庭做起，争做文明居民，共建美好家园。

××××社区居委会（盖章）

××××年××月××日

范文模板二：

倡导文明上网　共建精神家园

——致广大网民的公开信

广大网民朋友们：

你们好！

非常感谢大家通过互联网对政府各方面的工作表达心声、提出意见和建议，这充分表明广大市民对我们政府工作的热切关心与热忱支持，你们的支持给我们的工作注入了强大的精神动力！

互联网的诞生对我们的工作和生活产生了革命性的影响，极大地提高了沟通效率。“网络问政”使网络媒体成为党和政府联系群众、集中民智的有效渠道，有助于我们深入地把握实情、了解民意，提高政府工作效率和水平。同时，它也是我们广大网民获取资讯、传播智慧、交流情感、凝聚力量的平台，这在×××××等一系列举世瞩目的重大事件中表现尤为突出。互联网成为我们心与心相连的精神家园，把这个精神家园建设得更美好，是我们每个网民义不容辞的责任。

互联网这个虚拟的世界带给我们人类前所未有的言论自由，但这种自由的背后也意味着更多的责任。不负责任地滥用这种自由会产生诸多的问题。网上有人污言秽语、谩骂攻击、传播低俗内容、炒作不实消息、发布虚假广告、侵犯他人隐私，甚至亵渎和伤害他人……虽然绝大多数只是一时的宣泄，没有不良动机，但是由于互联网时代资讯传播的速度和范围都已今非昔比，它所产生的影响力也是传统媒体所无法比拟的。伤害到的往往是我们最淳朴、最善良的国人，损害的是我们的经济利益，甚至我们的国家安全。自由是相对的，它必须在理性这条线的牵引下才是真正的自由，就像天上的风筝没有线的牵引就会失控落地。因此，我们在享受自由的同时要承担应负的社会责任，遵守法纪和社会公德，始终把国家和公众利益放在首位，用中国互联网协会发布的《文明上网自律公约》来约束自己的言行，文明上网，理性发言，共建美好精神家园。

文明上网，理性发言，用网络平台来展示我们人类心灵深处最美的弦音，让每个人在这个精神的家园里得到爱、智慧、勇气和前行的力量。人之所以说话，其原始动机当然是为了表达见解，而不是想证明自己浅薄，我们发言要充分展示自己心灵最美的一面，真诚和美好的发言往往收获的是由衷的赞美和感叹，恶俗和卑下的言论往往得到的是不屑和攻击。两种反馈给我们截然不同的心灵感受。给别人带来安慰、智慧和力量的同时，自己的心灵会收获宁静、祥和与幸福，相信每个网民都会做出明智的选择。言为心声，一个人的发言直观体现的是个人素质，一个群体的发言则代表着一个群体、一个民族的形象和精神。我们要把互联网这个美好的发明应用好，向世界传播我们的文明，展示我们的形象！

我们不但要建设一个物质世界的和谐社会，还要建设一个精神世界的和谐社会。让我们携起手来，共同努力把互联网建设成我们最美的精神家园！

××××
××××年××月××日

11.2.3 公开信写作的注意事项

写好公开信需要注意以下几点：

一是考虑需要与可能，的确有写公开信的必要，的确有实现公开信所说的目标的可能时，再使用这一方式。

二是既要诚心诚意地将发表公开信的理由告诉读者，又要向读者灌输公开信的基本思想，切忌夸大其词。

三是把握好发表公开信的最佳方式及最佳时间，使公开信取得很好的社会效果。

有的公开信可以在报上刊登，也可以在电台广播。

11.3 介绍信

介绍信是一种用来介绍、联系、接洽事宜的应用文体，是机关、团体、企事业单位派人到其他单位联系工作、了解情况或参加各种社会活动时所用的函件。

介绍信是具有介绍、证明作用的书信。持介绍信者，可以凭借此信同有关单位或个人联系，商量洽谈一些具体事宜，而受文者则可以从对方的介绍信中了解来人的职业、身份、要办的事情、要见的人、有什么希望和要求等。介绍信是联结双方关系的一个桥梁，其目的在于证明来人的身份，以便防止假冒。

介绍信就相当于一个在一定时间内有效的证件，它可以帮助对方了解持介绍信者的身份、来历，同时也赋予了持介绍信者一定的责任和权利，所以介绍信一般都要注明期限，这是一种具备限期的专用文书。

介绍信主要适用于以下情况：学生到某单位实习，国家机关人员外出调查或前往其他单位商讨事宜，一些商业单位派人到别的单位推销宣传自己的产品，一些单位同其他单位进行业务交流，推荐他人入学，为他人推荐工作，等等。

11.3.1　介绍信的格式、写法

介绍信有两种形式：一种是便函式介绍信，一种是带存根的介绍信。

1．便函式介绍信

便函式介绍信一般由标题、称谓、正文、落款、附注五部分组成。

（1）标题

在第一行居中写“介绍信”三个字。

（2）称谓

另起一行，顶格写受文单位名称或个人姓名，姓名后加上“同志”“先生”“女士”等称谓，再加上冒号。

（3）正文

另起一行，开头空两格写正文，一般不分段，要写清楚：派遣人员的姓名、人数、身份、职务、职称等；所要联系的工作、接洽的事项等；对收信单位或个人的希望、要求，如“请接洽”等。最后，写上表示致敬或者祝愿的话，如“此致敬礼”等。

（4）落款

在正文的右下方写明派遣单位的名称和介绍信的开出日期，并加盖公章。日期写在单位名称下方。

（5）附注

注明介绍信的有效期限。

2．带存根的介绍信

这种介绍信有固定的格式，一般由存根、间缝、正文三部分组成。

（1）存根

存根部分由标题（介绍信）、介绍信编号、正文、开出时间等组成。存根由出具单位留存备查。

（2）间缝

间缝部分写介绍信编号，应与存根部分的介绍信编号一致。还要加盖出具单位的公章。

（3）正文

正文部分基本与便函式介绍信的正文相同，只是有的要在标题下再注明介绍信编号。

11.3.2 介绍信范文模板

范文模板一：

介　绍　信

兹有我单位×××同志前往贵处，全权处理××××事宜，请予接洽为盼！

此致

敬礼！

××××（盖章）

××××年××月××日

范文模板二：

介绍信（存根）

字第××号

兹介绍×××同志××人前往××××联系××××。××××年××月××日。

……………………………第……………………………号……………………………

11.3.3 介绍信写作的注意事项

介绍信中所涉及的接洽事宜要写得具体、简明。

要注明介绍信的有效期限。

介绍信要坚持实事求是的原则，突出优点，但也不能避讳缺点，最好用成就和事实替代华而不实的修饰语，恰如其分地介绍。

介绍信措辞要得当。用语应委婉而不隐晦，自信而不自大。

介绍信的篇幅不宜过长，言简意赅，在有限的篇幅中突出重点，同时文字要顺畅，字迹要工整。

介绍信务必加盖公章，以免以后造成不必要的麻烦。查看介绍信时，也要核对公章和介绍信的有效期限。

11.4　表扬信

表扬信是用来表彰赞扬集体或个人先进事迹的专用书信。它主要用于在日常工作、生活中受益于受表扬者的高尚品行（或被其品行所感动）的人，特向受表扬者所在单位或其上级领导致信，以期使其受到表彰、奖励，使其精神发扬光大。

表扬信可以组织名义写，也可以个人名义写。除信中给予的表扬外，也可以建议有关部门给予表扬。

表扬信与嘉奖令、表扬性通报的主要区别在于它不属于正式公文，没有正式公文的效力。但表扬信足可以使受表扬者受到鼓舞，使广大群众得到教育，从而促进社会主义精神文明建设的发展。

表扬信可以直接写给受表扬者，也可以写给受表扬者的所属单位，还可以写给报社、电台、电视台等新闻媒体。

11.4.1　表扬信的格式、写法

表扬信一般由标题、称谓、正文、落款四部分组成。

1. 标题

表扬信的标题一般为“表扬信”三个字。位置在第一行正中。

2. 称谓

表扬信的称谓应在标题下一行顶格写上被表扬的机关、单位、团体的名称或个人姓名。写给个人的表扬信，应在姓名之后加上“同志”“先生”等字样，后边加上冒号。若是直接发送到某机关、单位、团体的表扬信，开头可不必再写受文单位。

3. 正文

正文的内容要另起一行，空两格写。首先，用概述性的语言叙述先进事迹的发生、发展、结果及其意义。叙述要清楚，要突出最本质的方面，要用事实说话，少讲空话。之后，指出行为的意义，在叙事的基础上进行评价、议论，赞颂先进事迹的道德意义，比如，指出这种行为体现了哪种好思想、好风尚、好品德。

正文部分要提出对对方的表扬，或者向对方的单位提出建议，希望对其给予表扬，如“×××同志的优秀品德值得大家学习，建议予以表扬”。写给本人的表扬信，则应适当谈些“深受感动”“值得学习”等方面的内容。

在结尾处写上“此致敬礼”等结束语。

4. 落款

落款即在正文右下方写明发文单位名称或个人姓名，并在右下方注明成文日期。

11.4.2 表扬信范文模板

范文模板一：

表 扬 信

尊敬的×××先生、×××小姐：

你们好！

感谢你们慷慨解囊，捐资助学，为学生添置了新的课桌椅，充分显示出你们对教育事业无尽的关怀和支持，对学生无比的厚爱和热情。值此良机，××××小学全体师生向你们表示由衷的敬意和真诚的感谢！恭祝你们身体健康，工作顺利，家庭幸福，万事如意！

科教兴国，教育奠基，这绝不是一种时髦和潮流，而是实实在在的措施和行为；对于致富不忘教育，心怀教育，情系学生的热心人士×××先生、×××小姐来说，更是真真切切的行动。

你们一如既往地关心和支持教育，让更多的学生享受到了更好的学习条件，成为更高层次的人才，改变了学生个人和家庭的命运。我们还欣喜地看到，这种爱心行动的意义远远不只在物质和金钱的援助上，更重要的还在于精神的鼓励和鞭策。无私奉献，真诚相助，这种中华民族的传统美德，必将成为一种巨大的无形的精神力量，激发出我校学生更大的学习热情，鞭策他们向着更高的目标不懈努力。同时，这种精神营养和食粮也必将作为一种精神财富，滋养一届又一届的莘莘学子茁壮成长，激励一批又一批热血青年刻苦学习，努力钻研，学有所成，满怀激情地自觉发挥自己的聪明才智，造福桑梓，回报社会。

我们改革开放的总设计师邓小平同志说得好：把爱献给教育，献给下一代的人是世界上最幸福的人！

最后再次向你们表示真诚的感谢！

××××小学

校长　×××

××××年××月××日

范文模板二：

表　扬　信

××××领导：

××××年××月××日中午，因××××原因，本人住所发生了一场大火灾，严重威胁到了本人及周边邻居的生命财产安全，形势十分危急。贵单位职工×××发现火情之后，不顾自身安危，奋不顾身冲进火海展开扑救和抢救行动。

…………

在×××与周围邻居的共同努力下，大火终于被扑灭，×××却被烧焦了头发，烫伤了双手，该同志的英勇表现使在场的所有人赞不绝口，×××不顾个人安危，临危不惧，挺身而出，抢救他人家庭财产、保护群众生命财产安全的高尚行为为我们树立了良好的榜样。我特写信向贵单位能培养出这么优秀的职工表示感谢，对×××表示衷心的感谢。

衷心祝愿×××和贵单位各位领导和职工们身体健康，万事如意。

×××

××××年××月××日

11.4.3 表扬信写作的注意事项

撰写表扬信时要实事求是。对受表扬的人和事的叙述一定要准确无误，既不夸大，也不缩小。评价要实事求是，恰如其分。

表扬信要用事实说话。赞扬他人的事迹或行为时，要充分反映出对方的可贵品质。写动人事迹时要做到见人、见事、见精神，不要以空泛的说理代替了动人的事迹。

表扬信的语气要热情、恳切，文字要朴素、精练，篇幅要短小精悍。

11.5 批评信

批评信和表扬信相反，是对个人或单位的错误言行提出批评的专用文体。

11.5.1 批评信的格式、写法

批评信一般由标题、称谓、正文、落款四部分组成。

1. 标题

批评信一般以批评事项为题，而不以文种“批评信”为题。

2. 称谓

批评信的称谓应在标题下方一行顶格写上被批评的机关、单位、团体的名称或个人姓名。后加上冒号。

3. 正文

正文开头首先提出对被批评者的批评，然后写批评的缘由，概述被批评者犯错误的基本情况或导致的损失，在此基础上，对被批评者的错误行为给予恰当的评价，以揭示其错误的严重危害性与深远的不良影响。正文最后写一些表达希望改正意思的话结尾。

4. 落款

在正文的右下方署明批评者的单位名称或个人姓名，署名下写明发文日期。

11.5.2 批评信范文模板

对××××纺织品公司××××问题的批评

××××纺织品公司：

近年来国家多次整治消防工作不合格企业，要求厂区配足消防器材。但你们作为××××工业园区内规模较大的企业，所配的消防器材极少而且无法正常使用。并且职工的防火意识较差，有时在厂房里空无一人的情况下……在狭小的空间内却集中了××××等多道工序，地面堆放的××××使人几乎没有插脚的地方，留下了不同程度的火灾隐患。

针对你们的目前状况，我方提出批评，取消双方的合作计划。

××××服装公司

××××年××月××日

11.5.3 批评信写作的注意事项

批评信要有针对性，就事论事，要以事实为依据，令被批评者确实感到问题与错误的存在，以引起被批评者的注意与重视。

批评信要以理服人，鞭辟入里地分析问题及错误的严重危害性与深远的不良影响。

批评信要条理分明，逻辑性强。批评的话语要平和中透着原则，严厉而不偏激，做到“有理、有力、有节”。

11.6 慰问信

慰问信是机关、团体、单位或个人在他人遭遇困境和不幸的情况下或在节假日，向对方（一般是同级或下级）表示关怀、慰问的专用信件。它能体现组织的关怀、温暖，社会的爱心与支持，朋友、亲人间的深厚情谊，能给人以奋进的勇气、信心和力量。慰问信以电信的方式传送时叫慰问电。

慰问信从内容上看，一般可分为三种类型：一是对先进者的慰问；二是对受难者的慰问；三是节日慰问。

慰问信可以直接发给慰问对象，也可以发给慰问对象的上级单位，还可以利用新闻媒介进行传播。

11.6.1 慰问信的格式、写法

慰问信一般由标题、称谓、正文、落款四部分组成。

1. 标题

慰问信的标题一般写“致×××的慰问信”或者“×××致×××的慰问信”，也可写成“慰问信”。

2. 称谓

顶格写受慰问的集体、单位或者个人的称谓，后边加上冒号。写单位要写全称；写个人要在姓名之后加上称谓，如“同志”“先生”“师傅”之类。在个人姓名前边，往往还要加上“敬爱的”“尊敬的”“亲爱的”等字样，以示尊重。

3. 正文

不同类型的慰问信的正文略有一些区别。

（1）慰问先进者的信。其正文内容主要是简述其先进事迹及其意义以表示赞扬，并鼓励他们再接再厉，继续前进，争取更大的成绩。开头可用“欣闻……非常高兴，特表示祝贺并致以亲切的慰问”等语。中心段着重写成绩是怎样取得的及有怎样的意义，并表示赞扬。最后，勉励他们再接再厉，继续前进。

（2）慰问受难者的信。其正文内容主要对受难者表示同情和安慰，鼓励他们克服困难，勇往直前，夺取胜利。开头可用“惊悉……深表同情，并致以深切的慰问”等语。中心段着重写克服困难、战胜灾难的有利因素，如社会主义制度的优越性、安定团结的大环境、人民的大力支持等，鼓励他们努力奋斗，战胜眼前的困难。最后，写发信单位或个人将为他们提供帮助的决心及行动（如捐款、捐物等），并表示良好祝愿。

（3）节日慰问信。这类信多是上级单位写给有关人员的，所以正文内容主要是强调节日的意义，赞扬有关人员取得的成绩或做出的贡献，并提出今后的希望。开头概述节日意义并表达问候。中心段赞扬有关人员取得的成绩或所做出的贡献，同时，结合当前的形势阐述责任和今后的任务。最后提出希望。

在正文结尾，另起一行空两格写“祝”“此致”，然后在下一行顶格写“节日愉快”“取得更大的成绩”“敬礼”等。

4. 落款

落款一般写在正文右下角，先写署名，在署名下写日期。如果写慰问信的单位、个人不止一个，那么都要一一写上。

11.6.2　慰问信范文模板

范文模板一：

慰　问　信

驻各部队全体官兵，全市烈军属，革命伤残军人，军队离退休干部和复员、转业、退伍军人同志们：

值此××××年新春佳节即将来临之际，中共××市委、××市人大常委会、××市人民政府、政协××市委员会暨全市××××万人民，谨向你们致以节日的祝贺和亲切的慰问！

刚刚过去的××××年，是新世纪和实施“××××”计划的关键一年，是我市现代化建设第二步战略目标取得良好开局的一年。经过全市上下团结拼搏，我市国民经济持续稳定增长，结构调整步伐加快，改革开放扎实推进，城乡面貌明显改观，人民生活继续改善，科技教育和各项社会事业全面发展，社会政治大局稳定，党的建设、社会主义精神文明建设和民主法制建设都取得了新的成就。

在过去的一年里，各驻×××部队在进一步加快革命化、正规化、现代化建设步伐，全面完成上级交给的各项任务的同时，继承和发扬人民军队拥政爱民的优良传统，大力支持并积极参加我市的两个文明建设，为我市的改革、发展与稳定做出了突出贡献，树立了人民军队全心全意为人民服务的良好形象。

你们把驻地当故乡，在……活动中，到处可以见到你们拼搏奋战的身影，你们为××××的建设做出了贡献。全市烈军属，军队离退休干部和复员、转业、退伍军人，革命伤残军人，继续保持和发扬人民军队的优良传统和自强、自立的精神，不断进取，无私奉献；广大优抚对象在努力干好本职工作，为××××发展贡献力量的同时，积极鼓励亲人安心服役，报效祖国。在此，谨向你们表示衷心的感谢和崇高的敬意！

××××年是我们党和国家具有重要意义的一年。我们要认真贯彻党的××××精神和中央、省委经济工作会议精神，按照……的要求，解放思想，抓住机遇，与时俱进，开拓创新，努力夺取我市改革开放和现代化建设的新胜利。要进一步加强国防教育，增强国防意识，搞好军政军民团结，发展“同呼吸、共命运、心连心”的新型军政军民关系。要充分发扬我市拥军优属的光荣传统，继续深入、持久地开展创建双拥模范城活动，关心、爱护、支持人民军队建设，认真做好军队转业、离退休干部和退役士兵及随军家属的安置工作，落实优抚政策，不断提高优抚对象的生活水平，努力把我市的拥军优属工作做得更好，争取再夺“全国双拥模范城”光荣称号。

祝同志们新春愉快，工作顺利，阖家幸福，万事如意！

此致

敬礼！

××××

××××年××月××日

范文模板二：

××××慰问信

××××灾区各族干部群众，奋战在××××救灾第一线的党员干部、解放军指战员、武警官兵、公安民警、民兵预备役人员和参加××××救灾的各类专业技术人员、社会各界人士：

××××年××月××日××时××分××××发生了××××，受此波及，我区××××等县区受灾，其破坏之严重、救灾难度之大历史罕见，给各族群众生命财产造成了巨大损失。

×××党委、政府谨向灾区各族干部群众表示深切慰问！向遇难者表示沉痛哀悼！向日夜奋战在××××救灾第一线的广大党员干部、解放军指战员、武警官兵、公安民警、民兵预备役人员和参加××××救灾的各类专业技术人员、社会各界人士，向日夜坚守在××××救灾第一线的干部群众，表示衷心的感谢并致以崇高的敬意！

这次突如其来的灾难发生后，××××、××××高度重视，×××和×××、×××、×××等同志第一时间做出重要批示指示，使我们倍感温暖、深受鼓舞，为我们做好××××救灾工作提供了强大动力。在这场灾难面前，全区党政军警民协调联动、戮力同心、共克时艰，灾区各级基层党组织和党员干部、驻村干部、双联户，不等不靠、第一时间组织带领各族群众迅速投入救人抢险、转移安置群众；广大受灾群众友爱互助、自强不息、争分夺秒抗灾自救，以极大勇气和坚强意志，与自然灾害做斗争；赶赴灾区的党员干部、解放军指战员、武警官兵、公安民警、民兵预备役人员视灾区人民为亲人，不怕流血牺牲，不畏条件恶劣，迅速开展施救；各类专业技术人员和医务工作者，全力以赴抢救被困人员、救治受伤群众；广大新闻工作者临危不惧、忘我工作、日夜奋战在××××救灾宣传报道第一线；各地、各部门、各方面发扬“一方有难、八方支援”的优良传统，对××××救灾工作鼎力相助、无私支援。正因为我们继承弘扬××××精神，万众一心、众志成城，同舟共济、迎难而上，全力开展××××救灾，迅速安全转移、妥善安置受灾群众，最大限度地避免了人员伤亡，创造了……的历史记录，实现了灾区群众有住处、有饭吃、有衣穿、有水喝、有伤病能医。

当前，××××救灾正处在重要关头，我们要坚决贯彻落实×××等同志的重要批示指示精神，以对党和人民事业高度负责的态度，把××××救灾作为当前全区的一件大事和重要政治任务，坚持生命至上、救人第一，坚持人民的利益高于一切，动员一切可以动员的力量，采取一切可以采取的措施，全力做好××××救灾工作，做到有苦不怕苦、有苦不言苦、有苦不叫苦，不怕掉肉、不怕脱皮、不怕流汗、不怕牺牲，尽最大努力挽救每一个生命，尽最大努力保障人民群众生命财产安全，尽最大努力安置好每一名受灾群众，尽最大努力帮助群众恢复生产生活，尽最大努力帮助群众重建家园，使各族群众切身感受到××××的亲切关怀，感受到社会主义制度的优越性，感受到祖国大家庭的温暖。

我们坚信，有××××的坚强领导，有全国人民的无私支援，有社会各界的广泛关注，有全体参战人员和灾区干部群众的顽强拼搏，我们一定能够战胜灾害、共渡难关、重建家园。

让我们更加紧密地团结在以××××周围，以贯彻落实××××重要批示指示精神为动力，坚定信心、攻坚克难，奋力夺取××××救灾的全面胜利。

××××

××××年××月××日

范文模板三：

护士节慰问信

××××的护士同志们：

值此5月12日国际护士节到来之际，我谨代表××××向××××从事护理工作的同志们致以节日的祝贺和亲切的慰问!向昼夜辛勤工作在临床第一线、为人民群众健康做出重大贡献的广大护理工作者，表示崇高的敬意和衷心的感谢!

近百年来，每逢这一天，世界各国卫生界都在举行纪念活动，重温南丁格尔“忠贞职守，勿为有损之事，勿服取或故用有害之药，尽力提高护理之标准，谨守病人家务及秘密。竭诚协助医生之诊治，务谋病者之福利”的誓言，激励广大护理工作者秉承优良传统，竭尽全力帮助患者恢复健康，减轻病痛，为增进人类和谐、和睦，尽心尽力、尽职尽责。

护理工作是医疗卫生事业的重要组成部分，广大护士在防病治病、抢救生命、促进康复和减轻痛苦等方面担负着重要责任，在构建和谐医患关系中发挥着重要作用。截至××××年年底，××××共有注册护士×××名，占卫生技术人员总数的××%，你们是医疗卫生战线的一支重要力量。在日常繁杂的医疗护理工作中，在重大自然灾害、疾病流行和人民健康受到威胁的关键时刻，到处都有护士矫健的身影。广大护士恪尽职守，履行救死扶伤、服务人民的神圣责任，以忠诚的服务理念、严谨的工作作风和精湛的专业技术，兢兢业业、勤勤恳恳地战斗在护理岗位上，表现出了良好的职业道德和高尚的思想品质。这种以人为先、勤勉敬业、吃苦耐劳、无私奉献的精神得到了全社会的尊重和称赞。

我们常说，医疗服务中“三分治疗，七分护理”，护理工作的质量直接关系到患者的医疗安全、治疗效果和身体康复，护士的职业素质、服务态度、言谈举止也直接影响着患者的心理感受和医患关系的和谐、融洽。护理工作在维护人民群众健康方面具有极为重要的作用。

护理工作是平凡而光荣的工作，护士与患者的关系是鱼和水的关系。希望广大护士进一步树立患者至上、热情服务的良好风尚，改进服务态度，规范服务行为，提高服务质量，努力为患者提供诚心、爱心、耐心、细心的服务，以维护人民群众健康为己任，增强责任感和使命感，不负重托，不辱使命，在发展社会主义健康事业中做出更大贡献。

最后，再次祝××××广大护士同志们节日快乐，身体健康，工作进步!

××××　×××

××××年××月××日

11.6.3　慰问信写作的注意事项

慰问信重在表示慰问，多讲对对方的勉励和激励。

慰问信应写得态度诚恳、真切，感情真挚，使人获得安慰。

慰问信语言要亲切、精练、质朴。

11.7　感谢信

感谢信是重要的礼仪文书，是组织或个人向帮助、关心和支持过自己的组织或个人表示感谢的书信，有感谢和表扬双重意思。

从文体来说，感谢信属于应用文体。在日常生活和工作中，它广泛应用于个人与个人之间、个人与组织之间、组织与组织之间，用于向给予自己帮助、关心和支持的对方表示感谢。

11.7.1　感谢信的格式、写法

感谢信一般由标题、称谓、正文、落款四部分组成。

1. 标题

第一行正中用较大的字体写上“感谢信”三个字。如果写给个人，这三个字可以不写。有的还在“感谢信”的前边加上一个定语，说明是因为什么事情、写给谁的感谢信。

2. 称谓

标题下一行顶格写对方单位名称或个人姓名，如果是感谢个人，姓名后面可以加上适当的称谓，如“同志”“师傅”“先生”等，其后加上冒号。如果感谢对象比较多，可以把感谢对象放在正文中间提出。

3. 正文

正文一般由开头、主体、结尾三部分组成。

正文开头要概括叙述感谢的理由，表达谢意。

正文主体要具体叙述对方的先进事迹，叙述时务必交代清楚人物、事件、时间、地点、原因和结果，尤其要重点叙述关键时刻对方给予的关心和支持。在叙述事实的基础上，指出对方的支持和帮助对整个事情成功的重要性及体现出的可贵精神。最后表示自己或所在单位向对方学习的态度和决心。

正文结尾再次写表示敬意与感谢的话。也可以另起一行空两格写上“此致”，换一行顶格写上“敬礼”。

4. 落款

在正文右下方写上发文单位名称或者个人姓名。在署名的下边写上发文日期。

11.7.2 感谢信范文模板

感　谢　信

各爱心企业、爱心团体、爱心人士：

××××发生后，××××、××××坚决贯彻落实××××重要指示精神和××××决策部署，按照××××的要求，把人民群众生命安全和身体健康放在第一位，加强统一领导、统一指挥、统一行动，紧紧依靠人民群众，以战时状态、倾全县之力，迅速有力推进××××工作。

在全县上下万众一心××××的关键时刻，各爱心企业和各界爱心人士响应号召，慷慨解囊，踊跃行动，源源不断为××××捐款捐物，及时缓解了我县××××物资短缺问题。特别是一些爱心人士不顾自身安危，克服重重困难，主动把物资送到××××一线，谱写了一曲众志成城的感人乐章。截至××月××日××时，共有××××等××家企业和××名爱心人士向××××捐赠资金××万元、××××等××家爱心企业及×××等爱心人士捐赠价值××万元的物资。这些都是实实在在的义行善举和人间大爱，充分体现了各爱心企业和爱心人士的家国情怀和社会担当，极大地鼓舞了全县人民的斗志和勇气，坚定了我们共克时艰的信心和决心。在此，谨代表×××，向你们致以崇高的敬意和衷心的感谢！

我们坚信，在××××的领导下，在全县人民和社会各界的大力支持下，只要我们……就一定能够……

祝各位企业家和爱心人士事业兴旺、阖家幸福！

××××

××××年××月××日

11.7.3 感谢信写作的注意事项

感谢信与表扬信有许多相似之处，所不同的是感谢信有表扬的意思，但是重点在于感谢。

感谢信的感情要真挚，内容要真实，要保证确有其事，不可夸大。

感谢信的内容以主要事迹为主，要详略得当，篇幅不能太长。

感谢信以感谢为主，兼有表扬之意，所以表达谢意时要真诚，评誉对方时要恰当。

感谢信的用语要求是精练、简洁，遣词造句要把握好度，不可过分雕饰。

感谢信的语言要得体，要符合感谢者的身份。

11.8 申请书

申请书是个人或集体就某些自身不能解决的问题，向组织、机关、企事业单位或人民团体表述愿望、提出请求时使用的一种专用书信。申请书的种类很多，如入党（团）申请书、困难补助申请书、入会申请书、参军申请书、开业申请书、入学申请书等。

申请书同一般书信一样，也是表情达意的工具。申请书使用广泛，涉及工作、生活的很多方面。

11.8.1 申请书的格式、写法

申请书通常有固定的格式，一般由标题、称谓、正文、落款四部分组成。

1. 标题

标题有两种写法：第一种直接写“申请书”，第二种在“申请书”前加上事由，如“困难补助申请书”“入会申请书”“参军申请书”“开业申请书”“入学申请书”。在实际写作中，一般采用第二种写法。

2. 称谓

标题下一行顶格写明受文的单位、组织或有关领导。

3. 正文

正文部分是申请书的主体。首先提出要求。其次说明理由。理由要写得客观、充分，事项要写得清楚、简洁。结尾一般用惯用语“特此申请”“恳请领导帮助解决”“希望领导研究批准”等，也可用“此致敬礼”等礼貌用语。

4. 落款

署名在正文右下方。个人申请要写明申请者姓名，单位申请要写明单位名称并加盖公章。署名下一行注明申请日期。

11.8.2　申请书范文模板

范文模板一：

申　请　书

××××研究所人事处：

我于××××年从××××化工学院毕业后分配到本所，现在××××工作。因家中父亲年老多病需人照料和我与爱人长期两地生活等实际困难，现向领导提出申请调回家乡工作。

我的家乡在××省××县。父亲现年73岁，于××××年患了偏瘫，衣食不能自理。我于××××年结婚，爱人在家务农，现有个儿子。由于我在外地工作，家中照顾老人、教养子女和其他轻重家务劳动都由爱人一人担负，她长期操劳，累得难以支持了。

××××以来，全国发展形势喜人……作为一名党培养出来的科技人员理应在这一宏伟事业中多做贡献，但由于家庭实际困难的羁绊，不免时时分散精力。为了妥善安排生活，解决困难，全力以赴地投入工作，我申请调回家乡，就近安排工作。恳请领导批准。

此致

敬礼！

申请人：×××

××××年××月××日

范文模板二：

申　请　书

院党委：

我志愿献身××××事业，恳切请求党组织批准我的申请，让我的心愿得以实现！

祖国需要与个人私利，孰先孰后？咀嚼党的教导我常夜不成眠。面对……的现状，我实在不能无动于衷，袖手旁观。人民在呼唤：×××，

××××需要你们！党在期待我们交出满意的答卷。想从前，无数革命先烈创业路上背井离乡，舍生忘死，在所不惜；看今天，许多先进分子废寝忘食，全力拼搏，为人民造福，为社会主义祖国争光。我，接受了党20年的培养，在新的考验面前，没有任何理由钻进个人得失的小圈子。

基于以上认识，我决心：……

××××的要求，倾注着我对伟大祖国全部的爱，是深沉而执着的；也凝聚着我对崇高目标的向往和追求，是坚定而热烈的。尽管我已成家，困难较“轻骑兵”更大一些，但我完全能排除它，战胜它，能保证使自己在××××的队伍中一马当先，冲锋向前。虽然我个人的力量是微不足道的，但我相信，只要与千千万万的有志青年结合在一起，是能为改变××××的落后面貌做出贡献的。

请党委相信我，支持我。

此致

敬礼！

申请人：×××

××××年××月××日

范文模板三：

入党申请书

敬爱的党组织：

我申请加入中国共产党，为共产主义事业奋斗终生。我衷心地热爱党，党是中国工人阶级的先锋队，是中国各族人民利益的忠实代表，是中国社会主义事业的领导核心。中国共产党以实现共产主义的社会制度为最终目标，以马克思列宁主义、毛泽东思想、邓小平理论、“三个代表”重要思想、科学发展观、习近平新时代中国特色社会主义思想为行动指南，是用先进理论武装起来的党，是全心全意为人民服务的党，是有能力领导全国人民进一步走向繁荣富强的党。

从学生年代开始，一串闪光的名字——江姐、刘胡兰、雷锋、焦裕禄、孔繁森……给了我很大的启迪和教育。我发现他们及身边许多深受我尊敬的人都有一个共同的名字——共产党员；我发现在最危急的关头总能听到一句话——共产党员跟我上。这确立了我要成为他们中的一员的决心。我把能加入这样伟大的党作为最大的光荣和自豪。

参加工作后，在组织和领导的关心和教育下，我对党有了进一步的认识……

《共产党宣言》发表一百多年来的历史证明，科学社会主义理论是正确的，社会主义具有强大的生命力……

党是中国社会主义事业的领导核心。中国的革命实践证明没有中国共产党就没有新中国，没有中国共产党的领导，中国人民就不可能摆脱受奴役的命运，成为国家的主人。在新民主主义革命中……新中国成立后……十一届三中全会以来……

中国共产党员是中国工人阶级的有共产主义觉悟的先锋战士，必须全心全意为人民服务，不惜牺牲个人的一切，为实现共产主义奋斗终生。中国共产党党员永远是劳动人民中的普通一员，不得谋求任何特权。在新的历史条件下，共产党员要体现时代的要求……

我决心用自己的实际行动接受党对我的考验，我郑重地向党提出申请：我自愿加入中国共产党，拥护党的纲领，遵守党的章程，履行党员义务，执行党的决定，严守党的纪律，保守党的秘密，对党忠诚，积极工作，为共产主义奋斗终生，随时准备为党和人民牺牲一切，永不叛党。

今后我会更加努力地工作，认真学习……努力提高为人民服务的本领……在生产、工作、学习和社会生活中起先锋模范作用。坚持党和人民的利益高于一切，个人利益服从党和人民的利益，吃苦在前，享受在后，克己奉公，多做贡献。自觉遵守党的纪律和国家法律，严格保守党和国家的秘密，执行党的决定，服从组织分配，积极完成党的任务。维护党的团结和统一，对党忠诚，言行一致，坚决反对一切派别组织和小集团活动，反对阳奉阴违的两面派行为和一切阴谋诡计。切实开展批评和自我批评，勇于揭露和纠正工作中的缺点、错误，坚决同消极腐败现象做斗争。密切联系群众，向群众宣传党的主张，遇事同群众商量，及时向党反映群众的意见和要求，维护群众的正当利益。发扬社会主义新风尚，提倡共产主义道德，为了保护国家和人民的利益，在一切困难和危险的时刻挺身而出，英勇斗争，不怕牺牲。反对分裂祖国，维护祖国统一，不做侮辱祖国的事，不出卖自己的国家，不搞封建迷信的活动，自觉与一切邪教活动做斗争。只要党和人民需要，我会奉献我的一切！

我深知按党的要求，自己的差距还很大，还有许多缺点和不足，如处理问题的方式不够成熟、政治理论水平有待提高等。希望党组织从严要求，以使我更快地进步。我将用党员的标准严格要求自己，自觉地接受其他党员同志和群众的帮助与监督，努力克服自己的缺点，弥补不足，争取早日在思想上，进而在组织上入党。

请党组织在实践中考验我！

此致

敬礼！

申请人：×××

××××年××月××日

11.8.3 申请书写作的注意事项

写申请书前，首先要考虑有没有必要申请，自己是否符合申请的条件。

写申请书时要把申请的事项和理由写清楚，使对方能透彻了解申请者的意愿、要求和具体情况。

申请书的语言要准确，文字要朴实。

11.9 建议书

建议书，亦称意见书，是单位或个人向有关方面提出建设性意见时使用的一种专用书信。

建议书是必须被有关部门、领导批准认可后才能被实施的，所以，建议书具有较强的可塑性。它不是最终的定文形式，它可以被修改、被增删，甚至弃之不用，这要由具体的情况来定。

11.9.1 建议书的格式、写法

建议书一般由标题、称谓、正文、落款四部分组成。

1. 标题

通常只写“建议书”三个字，有时为了突出建议的具体内容，可以写“关于×××的建议书”。标题要写在第一行的中间，字体大一些。

2. 称谓

即注明受文单位的名称或个人的姓名，在标题下一行顶格写，后加上冒号。受文对象比较广泛或无法限定时，可以不写。

3. 正文

正文是建议书的核心内容，包括引言和主体。引言即为开头，主要写提出建议的依据、原因或目的。这部分要写得简洁扼要，紧扣主旨，为后面的具体建议提供充分的依据。一般用“为此，我（们）建议”过渡到下一部分。具体建议是主体部分，写建议的具体内容。如果内容较多，应分条叙述。最后以“希望××××能采纳我（们）的建议”结尾 。

4. 落款

在正文右下方写明提出建议的组织名称或个人姓名。在建议人姓名的下方标注成文日期。

11.9.2　建议书范文模板

建　议　书

××××市场管理处：

本市开放农副产品贸易市场以来，既方便了群众生活，又增加了农民收入，深受广大群众欢迎。市场管理部门在稳定市场物价、打击投机倒把工作中取得了显著成效，保证了农村贸易市场的健康发展。市场繁荣、工农两利，这是一件大好事。然而随之带来了一些亟待解决的问题，这便是挤、脏、乱现象日益严重。夏季临近，为了进一步活跃市场，改善管理，做到既方便生活，又保证卫生，我提出以下几点建议：

一、“挤”是由于人多、摊多、车多导致的，建议酌情扩大现有市场面积或另辟新的市场。在市场出口处设立存车处，禁止自行车、三轮车和机动车在市场穿行，保证市场交通畅通。

二、“脏”是由于不及时清扫、不注意保持清洁导致的。建议增加清洁工，坚持每日清晨开市前或收市后清扫，并制定妨害环境卫生罚款条例。

三、“乱”是由于随意设摊，缺乏必要设施导致的。建议用砖石、竹片、钢筋等砌制一些简易柜台、货架，划线编号，对号设摊，并添置一些铝制、塑料容器，登记出租。这样既保持市场整齐，又方便买卖交易。

以上建议仅是个人一孔之见，难免偏颇、疏漏，现冒昧提出，仅供参考。

此致

敬礼！

××市市民：×××

××××年××月××日

11.9.3 建议书写作的注意事项

提意见、写建议时要根据具体问题、实际需要和现实条件，不能凭空想象。所提意见和建议应当比较恰当、比较合理，并且要掌握一定的分寸。

写建议书不管是分条开列，还是不列条款，都应当把建议的内容写具体、写清楚，使人一目了然。

语言一定要准确、精练，要言简意赅地把具体的办法、具体的措施准确地写出来，而不是过多地去分析和论证。

11.10 倡议书

倡议书指的是由某一组织、团体或个人拟定，就某事向社会提出建议或提议社会成员共同去做某事的专用书信。作为日常应用文写作中的一种常用文体，倡议书在现实社会中有着比较广泛的使用，如《节约用水倡议书》《保护益鸟倡议书》等。

倡议书不是对某个人或某个小集体而发的，它的受众往往是广大群众，或是部门的所有人，或是一个地区的所有人，甚至是全国人民，所以，其对象十分广泛。广泛的群众性是倡议书的根本特征。

倡议书就是一种广而告之的书信。它的目的是要让广大的人民群众知道了解，从而激起更多的人响应，以期在最大的范围内引起共鸣。

11.10.1　倡议书的格式、写法

倡议书一般由标题、称谓、正文、落款四部分组成。

1．标题

倡议书的标题一般直接在第一行正中写“倡议书”，字体要比正文大。另外，标题还可以由倡议内容和文种构成，如“清明节安全祭扫倡议书”。

2．称谓

称谓另起一行顶格写。可依据倡议的对象而选用适当的称谓，如“广大的青少年朋友们”“广大的妇女同胞们”等。有的倡议书也可不写称谓，而在正文中指出。

3．正文

称谓下一行空两格写正文。

倡议书的正文一般由开头、主体、结尾三部分组成。

（1）开头

开头要阐明倡议事由，即说清楚倡议的背景、原因和目的等内容。倡议书的发出贵在引起广泛的响应，只有交代清楚倡议事由，以及当时的各种背景事实，并申明发布倡议的目的，人们才会理解和信服，才会自觉行动。这些因素交代不清就会使人觉得莫名其妙，难以响应。

（2）主体

主体是倡议书的核心部分，要写明倡议事项。要使倡议事项具有可行性和针对性，倡议的内容一定要具体化，包括开展怎样的活动，要做哪些事情，具体要求是什么，有哪些价值和意义等，均须一一写明。倡议书的主体内容一般是分条开列的，这样写清晰明确，一目了然。

（3）结尾

结尾要表示倡议者的决心和希望，或者写出某种建议。倡议书一般不在结尾写表示敬意或祝愿的话。

4．落款

落款即在右下方写明倡议者单位、集体名称或个人姓名，署上发出倡议

的日期。

11.10.2 倡议书范文模板

范文模板一：

清明节安全文明祭扫倡议书

全省广大群众：

清明节是我国传统节日，素有扫墓祭祖与踏青郊游两大礼俗主题。为摒弃陋习，弘扬新风，实现安全、文明、绿色祭扫，推动移风易俗、殡葬改革，建设富裕美丽幸福现代化××××，我们向全省广大群众倡议：

一、遵章守序，平安清明。科学合理安排祭扫时间、路线，选择错峰祭扫，避免造成交通拥堵。不携带火种和易燃易爆物品进入墓园和山林等易引发火灾的场所，不在墓园及城市街道、绿地、居民小区等公共场所焚烧纸钱、燃放鞭炮。

二、绿色低碳，文明祭扫。自觉摒弃封建迷信、破坏生态环境等祭扫陋习，提倡鲜花祭扫、网络祭扫和家庭追思会等祭扫方式，根据需要组织集体共祭、社区公祭和烈士陵园祭扫活动，为缅怀先烈、感恩先人营造积极向上、健康文明的社会氛围。

三、支持改革，移风易俗。带头推动殡葬改革，宣传遗体火化政策和树葬、花葬、草坪葬及不保留骨灰等节地生态葬法，做到不散埋乱葬，不修建大墓、豪华墓、活人墓，反对盲目攀比、大操大办，办丧扰民。传递正能量，弘扬尊重生命、孝老敬亲、厚养薄葬、慎终追远等殡葬新风尚。

文明祭扫，平安幸福！让我们一起行动起来，争做文明祭扫、移风易俗的践行者，自觉保护青山绿水，促进精神文明建设，共绘新时代××××物华天宝人杰地灵新画卷。

中共××省委宣传部
××省文明办
××省民政厅
××××年××月××日

范文模板二：

××××创建国家卫生城市倡议书

市直机关各级党组织、广大党员干部：

国家卫生城市是一个城市综合功能、发展实力和文明程度的重要标志。创造干净、整洁的人居环境，营造文明、和谐的社会秩序，是每一个市民的共同心愿，也是市直机关各级党组织和广大党员干部义不容辞的责任。当前，全市人民在市委、市政府的领导下，正以高昂的热情和百倍的信心积极投身到创建国家卫生城市活动中，为此，我们特向市直机关各级党组织和广大党员干部发出如下倡议：

一、从我做起，争做“创卫”带头人。……

二、从身边事做起，担当“创卫”志愿者。……

三、从单位做起，管好自己的责任区。……

市直机关各级党组织和广大党员干部，创建国家卫生城市人人有责、家家受益，让我们大家积极行动起来，关心“创卫”、支持“创卫”、参与“创卫”，从今天做起、从自我做起、从身边的小事做起，为创建国家卫生城市，为建成干净卫生整洁、天蓝地绿水清的美丽××××做出积极的贡献！

中共××市委市直机关工作委员会

××××年××月××日

范文模板三：

关于深入开展爱国卫生运动 推动形成文明健康、绿色环保生活方式的倡议书

广大市民朋友：

为保障人民群众身体健康，积极培育文明健康、绿色环保的生活方式，提高广大群众的文明素质和自我保护能力，市爱卫办、市文明办联合倡议：

一、开展城乡环境清洁行动。……

二、开展家庭环境卫生扫除。……

三、注重个人卫生。……

四、养成良好行为。……

“爱国卫生人人参与，健康生活人人享有”。全体市民朋友们，请大家积极行动起来，人人动手，同心协力，用勤劳的双手共同营造洁净优美的居住环境、生活环境和工作环境！

××市爱卫办

××市文明办

××××年××月××日

11.10.3 倡议书写作的注意事项

倡议书在正文部分要写清楚发出倡议的根据、原因和目的，否则响应者无所适从，会造盲目的行动。

倡议书带有倡导、号召的性质，因此语言要有感染力，能够调动受文者的积极性。

11.11 保证书

保证书是个人、集体、单位为响应上级号召所写的完成某项任务或做好某件事的书面保证文书。

保证书在一定程度上会对发文者形成一种制约和鞭策，所以具有誓言性的特征。保证书一般是个人或单位在有所保证时向上级组织或集体发出的一种文书。上级组织或集体在收到保证书后并不做什么答复，只是根据保证者所保证的内容实施监督和检查，所以从行文方式来看，保证书具有单方性的特征。这与一般的书信是有根本不同的。

11.11.1 保证书的格式、写法

保证书一般由标题、称谓、正文、落款四部分组成。

1. 标题

第一行居中写“保证书”或“保证”字样。

2. 称谓

保证书的称谓应在标题下一行顶格写，写明保证书送达的机关、团体的名称或个人的姓名，然后加上冒号。

3. 正文

正文通常要由保证的缘由和保证的内容两部分组成。

保证的缘由，即阐明为什么要写保证书，其背景如何。该层次一般要结合当前的社会大背景和发文者的具体情况来写，要符合实际。

保证的内容，即保证做到的具体目标及实现这些目标的具体措施。分条列出的保证内容要具体求实，既保证其自身的独立性又要同其他各项有内在的联系。

4. 落款

落款写在正文的右下方，要注明写保证书的单位全称或个人的姓名。如果是集体或单位所写，还可以视情况加盖公章。最后还要注明成文日期。

11.11.2　保证书范文模板

范文模板一：

保　证　书

本人已经阅读并自愿遵守××（市）××××电子实业有限公司制定的各项规章制度，包括已经颁布的《劳动组织条例》《劳动管理条例》《产品质量管理条例》《管理人员行为规则》《销售管理条例》《采购工作管理规定》《档案管理条例》《仓库管理工作规定》《监察工作规定》《促进合理化建议规定》《生产统筹管理规定》及其他有关制度。本人承诺，今后如有新颁布的规章制度，本人在知悉后，也愿意遵守。

保证人：×××

××××年××月××日

范文模板二：

保　证　书

我作为一名党员领导干部，将坚决贯彻公安部及省厅反腐倡廉电视电话会议精神，并认真执行人民警察廉洁自律的各项规定，全面落实市局党委关于党风廉政建设的各项要求，以求真务实的工作作风、廉洁勤政的良好形象，做廉洁的带头人。本人郑重承诺如下：

一、坚持民主集中制，做到集体领导与个人分工负责相结合。

二、牢记全心全意为人民服务的宗旨，努力实践××××，恪尽职守，勤奋工作，努力完成自己承担的各项任务，为辖区的社会经济发展保驾护航。

三、认真执行《中国共产党党内监督条例》，坚持党支部的民主生活制度，光明磊落，胸襟坦荡，勇于开展批评与自我批评。

四、不经商，不从事有偿的中介活动，不在各类经济实体中兼职。

五、不在各类公务活动中收受礼金和各种有价证券，所收各种名义款项一律上缴。

六、带头严格执行人民警察的各项规章制度，不利用职权谋取个人私利。

七、爱护单位的公物，不动用公物办个人私事。

八、维护党支部团结，保持班子成员的思想统一，坚决执行重大事项支部班子民主决策制度，不搞小团体或为小团体维权。

保证人：×××

××××年××月××日

11.11.3　保证书写作的注意事项

保证书的内容要实事求是，要从单位或个人的实际情况出发，所保证的内容要切实可行，而且一旦自愿提出保证，就一定要努力去完成。

保证的内容越具体越好，最好是分条列出，眉目清楚，便于领导、组织指导、检查、督促。

11.12 志愿书

志愿书是人们自愿加入某一社会组织时所要填写的一种向组织介绍自己情况、反映自己的要求及表露自己对组织忠诚的文书。

11.12.1 志愿书的格式、写法

志愿书一般由标题、称谓、正文、落款四部分组成。

1. 标题

第一行居中写“志愿书”字样。也可以由一句概括性的话作为标题，如“我为什么参加中国共产党”。

2. 称谓

志愿书的称谓应在标题下一行顶格写，写明志愿书送达的机关、团体的名称或个人的姓名，然后加上冒号。

3. 正文

志愿书的正文分两部分。第一部分，要介绍发文者的一般情况，自己的经历和参加党派组织时需要说明的问题，以及直系亲属和社会关系。第二部分，说明自己加入组织的原因。这一部分要写出自己对组织的认识，出于何种需要来加入某一社会组织。最后提出自己的愿望。

4. 落款

落款写在正文的右下方，要注明发文者的单位全称或个人姓名。如果是集体或单位所写，还可以视情况加盖公章。最后还要注明成文日期。

11.12.2 志愿书范文模板

我为什么要参加中国共产党

一、成为一名共产主义战士是我三十年来的夙愿

…………

二、我切身体会到中国共产党是伟大、光荣、正确的党

…………

三、我对党怀有深厚的感情

…………

四、我希望在党的教育下，使自己成为一个名副其实的共产党员

我志愿在党的组织中积极工作，不怕困难，不怕牺牲，志愿执行党的决议，遵守党的纪律，按时交纳党费。

我希望在党的教育下，彻底改造自己的世界观，使自己成为一个真正的共产党员。

×××

××××年××月××日

11.12.3 志愿书写作的注意事项

写作志愿书时，介绍自己的情况必须实事求是，全面地向组织反映清楚自己的过去。

谈对组织的认识要真切，不可夸大其词，自己认识到什么就写什么，这样便于组织深入了解和考察。

请求加入组织的态度要端正、诚恳。

11.13 决心书

决心书，是个人、集体或单位为响应上级组织号召而表示决心所用的文书，是个人对组织、下级机关对上级机关在表明自己完成上级所安排的某项任务的坚定决心，或者表明自己具有积极响应上级某项号召的坚定决心时所使用的文字材料。

决心书在实践中应用非常广泛，人们经常会用决心书这种文体来积极响应上级组织号召、向上级组织表明决心，从而激发个人、集体或单位的战斗力，调动工作积极性，以便高标准、高质量地完成某项工作，尤其是在营造“比、学、赶、帮、超”浓厚氛围的时候，决心书的作用更是非常明显。决

心书能增强责任感和使命感，增强完成任务的自信心，充分激发个人、集体或单位的聪明才智。

有些时候，当人们因某种原因而犯了错误时，也会用决心书这种文体向上级或群众表明自己有坚决改正错误的决心。

按照决心书的性质和作用来看，决心书主要有公开性、单向性、主动性等特点。一是公开性。既然是向上级表示决心，当然也就希望上级组织或领导、社会舆论等进行监督，因此，决心书一般是公开发布的，受文者是上级组织、领导或者广大人民群众。二是单向性。决心书是个人对组织、下级对上级的一种行文，上级无须进行答复。三是主动性。主动性是决心书的一个显著特点。通过写决心书，可以调动自己的工作积极性，以保证完成工作任务。

从适用范围和作用来看，决心书可以分为集体决心书和个人决心书。集体决心书的受文者是社会舆论或大众，其应用通常是由于社会上发生了重大事件，当事单位或者集体要以决心书的形式向社会表明坚决达到某种目的的决心。个人决心书的受文者是上级组织或领导，通常是个人为了向上级组织或领导表明积极响应号召、坚决改正错误等态度时，向上级递交的文字材料。

11.13.1　决心书的格式、写法

决心书一般由标题、称谓、正文、落款四部分组成。

1. 标题

一般情况下，决心书的标题只写“决心书”三个字，但有的时候，也可以在“决心书”三个字前面加上概括决心书内容的文字，如“抗洪抢险决心书”“争取夺得团体第一的决心书”。

2. 称谓

决心书称谓的写法与一般公文的写法一样，应在标题下方、正文上方，顶格写明受文机关、团体等的名称，并要用尊称，如“尊敬的××××工程总指挥部”。如果决心书的受文者范围比较广泛，没有合适的称谓，如面向社会大众的决心书，也可以不写称谓。

3. 正文

正文是决心书的核心内容，通常包括事情缘由、表决心、结尾三个部分。

在事情缘由部分，要实事求是地阐明为什么要写决心书，其背景如何。该部分一般要求发文者结合当前的社会大背景和自己的具体情况来写，要符合实际。

在表决心这一部分，主要写决心达成的具体目标及为实现这些目标而要采取的具体措施。为了使受文者能够清晰地了解决心书的内容、准确地感受到发文者的决心，通常应采取分条的方式。分条列出的表决心内容要具体，每条内容清晰，同时各条之间也要有内在联系。

一般情况下，决心书结尾只写“此致敬礼”等敬语。

4. 落款

在正文结尾右下方写清楚发文者个人的姓名或集体、组织的名称，并在下方注明成文日期。如果发出决心书的是集体、组织等，最好加盖公章。

11.13.2 决心书范文模板

范文模板一：

决　心　书

××××党支部：

在深入考察、反复研究的基础上，组织决定选调我来完成××××任务，这是领导对我的信任和鼓励，也是……为了积极响应党支部的号召，落实各项要求，圆满完成××××任务，在完成任务期间，我决心做到以下几点：

一、端正态度，提高认识。在完成任务期间，我决心做到端正工作态度，提高思想认识，以高度的事业心、责任心圆满地完成各项要求。

二、遵守纪律，确保安全。在完成任务期间，我坚决做到服从安排，遵守纪律，服从领导，认真执行各项安全规定，以谨慎的态度和高度的安全意识投入到工作中，确保工作圆满完成。

三、爱护装备，确保顺利。在完成任务期间，我坚决做到认真爱护装备，认真管理装备，经常检修装备，务必使每一件装备都能始终处于良好的工作状态，决不因为装备问题拖延工时，影响任务的进度。

四、团结友爱，积极参加文体活动。在执行任务期间，我坚决做到与同事团结友爱，讲文明、懂礼貌，尊重他人，帮助他人。同时，积极参加业余文化活动和各项公差勤务，确保上下团结，促进任务圆满完成。以上决心请领导监督。

此致

敬礼！

×××

××××年××月××日

范文模板二：

决　心　书

敬爱的党组织：

目前，我部正在轰轰烈烈地开展“保持共产党员先进性，永远做忠诚于党的好战士”系列活动，大家“比、学、赶、帮、超”氛围浓厚，思想认识和行动措施都有了一个质的飞跃，进步迅速。作为一名基层党员，我们应该时刻牢记党的宗旨，紧紧团结在党组织周围，共创佳绩，共创辉煌。为了能使此次活动效果更加明显，使自己的能力能够在此次活动中得到切实的提高，我决心做到以下几点：

一是深入学习党的理论知识，自觉用党的理论武装头脑。……

二是热爱本职工作，献身科研事业。……

三是吃苦在前，享乐在后，争做表率和模范。……

四是……

五是……

人类的脚步跨入了以知识经济为载体的 21 世纪，世界科学技术的发展日新月异，科技越来越显示其在一个民族发展中的巨大作用。“科学技术是第一生产力”，未来世界各国之间综合国力的竞争是科学技术的竞争，归根到底是人才的竞争……

我们党面临着新的挑战，也面临着自身状况变化带来的考验……

在这个征程中，作为一名科研工作者，我坚决要……

×××

××××年××月××日

11.13.3 决心书写作的注意事项

写作决心书时一定要实事求是，态度要诚恳，提出的措施必须切实可行，切忌哗众取宠。

写作决心书时要饱含热情，从而显示出必定成功的信心和决心。

11.14 号召书

号召书是党和政府及一些组织机构等在召开重大会议或面临重大任务之时，紧密结合形势，为号召广大群众贯彻会议精神，圆满完成既定任务，达到预期目标而拟制的一种应用文书。

号召书在把广大群众紧紧凝聚在各级党委和政府或组织机构的周围，调动大家贯彻精神、完成任务的积极性等方面，具有非常重要的指导作用。

从号召书的适用范围和作用来看，号召书具有措施明确、鼓动性强等特点。一是措施明确。因为要号召广大群众贯彻精神或者高标准完成某项任务，因此，号召书一定要明确地写清楚具体的措施和方法，以便受文者能够有的放矢。二是鼓动性强。号召书既要说明事实和措施，又要饱含热情，以便充分调动受文者的积极性和参与热情，为圆满达到预期目的奠定基础。

11.14.1 号召书的格式、写法

号召书一般由标题、正文、落款三部分组成。

1. 标题

一般情况下，号召书的标题只写“号召书”。但有的时候，也可以在

“号召书”前面加上概括号召内容的其他文字，如“关于××××的号召书”。此外，号召书的标题也可以由引题和正题组成。引题一般用高度概括、非常简练的语言说明要开展的中心活动或要完成的中心任务是什么，常以“关于开展……活动”的句式来表达；正题在其下面，写上“号召书”三个字。引题的字要小于正题。

2. 正文

正文是号召书的核心内容，通常由缘由、具体内容、结尾三部分组成。

在号召书的缘由部分，要实事求是地写清楚写号召书的目的是什么。而后要另起一段，写号召的具体内容，分条开列，每提出一项具体任务，都要简述其意义，同时要明确指出其实施办法。最后在结尾处，要把号召书的核心思想凝聚成一些口号之类的简练语言，集中表达一下号召力、感染力。

3. 落款

落款即署名和日期，写明发文单位名称和发文日期。

11.14.2　号召书范文模板

关于进一步开展××××活动的号召书

在全省人民深入学习贯彻××××会议精神，广泛开展××××活动的热潮中，我省召开了××××会议。

会议认为，开展××××活动，是动员广大人民群众××××的一个创举，这项活动对于……具有十分重要的作用。

为了动员全省人民群众更广泛、更深入地开展这项活动，开创我省社会主义现代化建设新局面，会议号召全省人民：

一、加强学习，切实领会会议精神和宗旨。……

二、树立奉献思想，强化服务意识。……

三、强化节俭意识，反对铺张浪费。……

××××

××××年××月××日

11.14.3 号召书写作的注意事项

号召书中所提出的号召内容一定要明确，并在文中加以充分阐述，以便受文者知道应该怎么做，不能怎么做。

写号召书要饱含热情，从而显示出必定成功的信心和决心，让受文者能够受到鼓舞。

第12章 条据类文书写作

条据，是便条和单据的合称。条据类文书是日常生活中最常见的一种应用文体。它简短方便、节时省事，在人们的日常生活中起着传送信息、沟通情况、办理事情和开具钱物记载凭据的作用。按照用途来划分，条据可分为说明性条据和凭证性条据两种。

12.1 说明性条据

说明性条据即便条，是人们在各种交往中常用的一种条据。它通过书面形式把临时要告诉别人的某件事写成简短的字条。常见的便条有请假条、留言条、托人办事条等。

12.1.1 说明性条据的格式、写法

说明性条据一般由标题、称谓、正文、落款四部分组成。

1. 标题

在条据正文上方，写明条据名称，如“留言条”“请假条”。

2. 称谓

在条据标题下一行顶格写受文者称谓，如“×××同志”等。

3. 正文

另起一行，空两格，写明要告知、说明的事项。

4. 落款

落款写在正文的右下角。

12.1.2 说明性条据范文模板

范文模板一：

请 假 条

×××经理：

今天×××突然重病住院，×××又在外出差，需要我前往医院护理，特请假一天。

策划部×××

××××年××月××日

范文模板二：

留 言 条

×××：

我有急事外出一会儿，20分钟后回来，你来后请稍候，我去去便回。

×××

××××年××月××日

范文模板三：

托人办事条

×××同学：

请在×××为我代购《××××》××本，尽快寄回，谢谢！

×××

××××年××月××日

12.1.3　说明性条据写作的注意事项

应把事情交代清楚，以免给对方造成麻烦。

12.2　凭证性条据

凭证性条据即单据，是人们在交接钱物过程中由于手续上的需要所采用的一种应用文书。常用的单据有借条、领条、收条、欠条等。借条是表明债权债务关系的书面凭证，一般由债务人书写并签章。领条是个人或单位领取物品时留给发放人的文字凭据。收条是在某种特定情况下，接受财物者向对方提供的接收凭据。欠条是借用人针对尚未归还的财物向被借用者所立的凭据。

12.2.1　凭证性条据的格式、写法

凭证性条据一般由标题、正文、落款三部分组成。凭证性条据一般不写称谓。

1. 标题

通常在第一行中间写“借条”“收条”“领条”等表明单据的性质。

2. 正文

标题下一行空两格开始写，要写明从什么单位或什么人处借到或领到什么财物，要详细写明名称、种类、数量，数量要用大写汉字，一般不用阿拉伯数字。

3. 落款

正文右下方写上经手人的姓名及日期。个人出具的单据，由本人签名，有时要写明所属单位名称并盖章；单位出具的单据要盖公章，一般还要有经手人的签章。日期写在署名的下面。

12.2.2 凭据性条据范文模板

范文模板一：

借　条

今借到×××人民币捌万元整，叁个月内还清，不计息。

借款人：×××
××××年××月××日

范文模板二：

领　条

今领到校电教处发给××××的××××电视机捌部，供我系师生电化教学使用。

物理系电教室：××××
××××年××月××日

范文模板三：

收　条

今收到×××、×××物资××件。

××××农业科学研究院
经手人：×××
××××年××月××日

范文模板四：

欠　　条

原借×××同志人民币×××元整，已还××××元整，尚欠×××元整，两个月内还清。

欠款人：×××
××××年××月××日

12.2.3　凭证性条据写作的注意事项

款项、物件的数字一定要大写，数字前不留空白，后面写上计量单位，然后写上“整”字，有的后面还要写“此据”二字，以防被添加文字或篡改。

第13章 周知类文书写作

周知类文书指的是为了使公众周知某事项的具体内容而书写的文书。这种文书往往要张贴在公众聚集地供公众观看，或者利用电视、网络等一些公众关注度高的媒体进行广而告之，起到周知的作用。这一类文书具有内容广泛、时效性强、不具备法定约束力等特点。

周知类文书主要包括启事和声明。

13.1 启　事

启事的字面意思，就是为了说明某事而将文书登载在媒体上或张贴在墙壁上。而事务文书中的启事，是机关、团体、企事业单位在需要向公众说明某事项，或希望大家协助推进该事项时使用的一种书面材料。

启事的作用是将某事项通告给公众，但不具有通知、通告作为下发文件的性质。它类似广告，通过新闻媒体或以张贴的形式公之于众，但不具有广告的招徕顾客的目的与手段。

启事具有公开性、随意性、简洁性等特点。一是公开性，即启事必须公开发表，而且知晓的人越多越好。二是随意性，即启事所涉及的范围非常广泛，几乎可以涵盖我们日常生活中的所有事项。三是简洁性，即启事的文字一般非常简洁，把事情说清楚即可。

启事的适用范围非常广泛，大到政府机关、企事业单位、人民团体，小到个人，都可以在特定条件下使用。比如，招聘、招标、招领、征订、征稿时使用的征招启事；声明作废、更名、迁址时的声明启事；寻物、寻人时的寻找启事。

13.1.1　启事的格式、写法

启事一般由标题、正文、落款三部分组成。

1. 标题

启事的标题一般按照公文标题样式进行拟制，分为几种情况：第一种，只有文种，即只写“启事”二字；第二种，由发文机关、事由和文种构成，如“××××公司关于引进人才的启事”；第三种，由事由和文种构成，如“征稿启事”“招聘启事”。

2. 正文

正文是启事的主要部分，这一部分要写清楚发布启事的原因、目的、意义、要求、联系方法等事项。

3. 落款

落款用正常公文的落款格式进行书写，在正文右下方写上发文机关的名称、发文日期，并加盖单位公章或由个人签字。

13.1.2　启事范文模板

范文模板一：

招领启事

本人于××××年××月××日在××××捡到电脑包一个，内有物品若干，望失主尽快前来认领。为了防止出现冒领现象，敬请失主前来认领时准确说出包内物品详情。

联系人：×××

联系电话：××××

×××

××××年××月××日

范文模板二：

××××公司招聘启事

××××公司是一家××××的公司，主要经营××××。目前有员工

××人……为适应公司业务发展需要，现我公司诚聘××名思想作风正派、工作经验丰富的优秀人才，具体岗位信息如下：

1. ××××岗位××名，要求大学本科以上学历，技能熟练，有××年以上相关工作经验。

2. …………

3. …………

有意者请将个人简历投递至下面的邮箱，并及时与联系人取得联系，经我公司初步审核，符合条件的人员将接到面试通知，未接到通知的人员请勿前来。

联系人：×××

联系电话：××××

邮箱：××××

××××

××××年××月××日

范文模板三：

××××引进专业技术人才启事

××××地处××××，素以物产丰富、经济繁荣著称于世，传统特产××××等久负盛名，交通便利，通信发达，科技、教育、文化、卫生、体育等各项事业欣欣向荣。

改革开放以来，全县××家乡镇企业拔地而起，基本形成××××行业格局，产生了一大批产值超亿元，利润超千万元的骨干工业，××××年全县工业总产值××××亿元，外贸出口交货值××××亿元，财政收入××××亿元，列入××××。

为加快改革开放，加速经济发展，积极发展高新技术产业，经××××决定，××××同意，××××批准，面向全国引进专业技术人才。

一、引进范围

1. ××××领域具有××××职称以上的专业技术人才和归国留学生、海外华侨专家、高级技师及上述专业的应届本科毕业生。

2．能够提供高新技术开发项目、技术专利和国内外技贸经济信息等来兼职服务的在职专业技术人才及退离休的专业技术人才。

二、优惠待遇

…………

三、联系方法

1．来人洽谈：接待时间为××月××日—××月××日，其中××××地区的技术人才及中小学教师应持当地人事教育部门的证明。

2．信函报名（不限时间）须写明：姓名、性别、年龄、职务、职称、学历、专业、现工作单位和从事工作、学习和工作简历、主要业绩、配偶及子女情况、本人要求、通信地址、邮政编码等。

联系单位：××××

联系地址：××××

邮政编码：××××

电话：××××

××县人民政府

××××年××月××日

13.1.3　启事写作的注意事项

启事要保证内容完整清楚，一定要做到语言简洁明确，具体明白，切忌含糊不清，要达到让受文者一看就知道、一看就明白的效果。

13.2　声　明

声明是就有关事项或问题向公众披露或澄清事实，表明自己立场、态度的一种应用文体。

声明的适用范围非常广泛，大到国家、政府、团体及其领导人，小到个人，都可以就某事项做出公开声明。比如，在国际上，多个国家政府可以就某项国际事务做出表达自身立场和主张的联合声明；在日常生活中，个人可以就涉及自身的某项事情做出特别声明。声明具有庄严表明观点、表示态度、提出警告、保护自身合法权益等重要作用。

从适用范围和应发挥的作用来看，声明具有公开性、表态性、警示性等特点。一是公开性，即声明要公开宣布，让公众知晓，通常还要在媒体发布。二是表态性，即声明通常对相关事项或问题进行事实披露或澄清，并表明自己的立场和态度。三是警示性，即一些声明具有警告和警示他人，保护自己合法权益的意图和作用。

13.2.1 声明的格式、写法

声明一般由标题、正文、落款三部分组成。

1．标题

声明的标题一般分为几种情况：第一种，由发文者、事由和文种构成，如"××××钢铁公司关于××××的声明"；第二种，由事由和文种构成，如"××××声明"；第三种，直接写"声明"二字；第四种，由态度和文种构成，如"郑重声明"；第五种，由发文者和文种构成，如"商务部商业改革司声明"。

2．正文

正文是声明的主要部分，一般在这一部分写清楚发表声明的原因、依据、内容等，可以分条式说明也可以分段式说明。

正文通常分为三个层次。

第一层次，写明发表声明的原因，包括发文者对基本事实的认定。这是发文者表达自己立场和态度的基础，要写得准确而简洁。如果是授权律师发表声明的，开头必须写清受谁的委托。

第二层次，表明发文者的立场和态度，有时直接写明下一步将要采取的行动。写作时，立场和态度要视声明的重点而定。如果重在披露或澄清事实，可以采取概述的方式；如果重在说明问题，可以依照一定的顺序分条表达；如果重在主张某项权利，可以将该内容单列一段。声明内容如果是需要公众协助的事项，还应在文中或正文左下方写明联系方式。

第三层次，即结束语。有的声明以"特此声明"作为结语，以示再次强调，也可以不写。

3. 落款

落款用正常公文的落款格式进行书写，在正文右下方写上发文者的名称和发文日期，并加盖单位公章或由个人签字。

13.2.2　声明范文模板

范文模板一：

声　　明

普通话水平测试是根据《××××通用语言文字法》和××××、××××有关文件组织的××××考试。普通话水平测试由经省级以上语委认定的具备相关资质的测试机构组织实施。

最近发现社会上有些培训机构在网站上打出“官方合作培训测试”及“参加培训测试包过”的虚假广告招揽考生；同时还接到群众及相关部门反映，有个别培训机构通过不正当手段办理外省的普通话水平测试等级证书，严重损害了普通话水平测试的社会声誉，误导和欺骗了广大考生。为此郑重声明：

一、我省的普通话培训测试站从未与社会上任何培训机构有合作关系……

二、在省外取得普通话水平测试等级证书的考生，申请教师资格认定时需一并提供在发证单位所在省份学习或工作经历证明（学生证、毕业证或工作证）的原件及复印件……

三、省各普通话培训测试站严格执行省物价局批准的普通话培训测试收费标准……

特此声明。

××省语言文字培训测试工作办公室

××××年××月××日

范文模板二：

××××出版社郑重声明

目前，发现市场上出现非我社出版的《××××》一书，经我出版社鉴定为盗版书籍，该书印刷质量低劣，内容错误多，严重影响到我社和著作权人的声誉，损害了我社和著作权人的利益，为此，我社郑重声明如下：

《××××》一书为我社出版的小说类书籍，除××××出版社外，其他单位和个人均无权印刷、改版该书籍，对侵犯我社和著作权人利益的行为，我社将严惩不贷，追查到底。

特此郑重声明。

××××出版社

××××年××月××日

13.2.3 声明写作的注意事项

声明的内容要真实，表述要简明扼要，措辞要得体。

声明内容不能侵犯他人正当权利。

声明一般在涉及比较严肃的重大事项时使用，因此，声明的语气一定要强硬、严肃，以示重视，最大限度地维护自身的合法权益。